Erfolg ist trainierbar!

humboldt
Information

Wie beim Sprichwort »Geld kommt zu Geld«, so verhält es sich auch beim Erfolg. Wenn Sie erst einmal auf der »Erfolgsschiene« fahren, können Sie auch kleinere Enttäuschungen gelassener hinnehmen, denn Sie sind auf »Erfolg« programmiert.
Daß dieser Erfolg trainierbar ist und von welchen Eigenschaften er abhängt, das zeigt Ihnen dieses Buch Schritt für Schritt mit vielen Tips, Tests und Übungen.
Allerdings dürfen Sie sich nicht so verhalten wie die drei hier abgebildeten Äffchen ...

Erfolg ist trainierbar!

Von Frank und Doris Brenner

humboldt

humboldt-taschenbuch 614

Umschlagfoto: Bildagentur Mauritius, Mittenwald;
Fotograf: Westlight

Umschlaggestaltung: Christa Manner, München

Die Zeichnungen im Innenteil
auf den Seiten 27, 28, 37, 38, 112, 113 stammen von den Autoren;
auf den Seiten 80, 130, 132, 143, 144, 149 von Anke Zürn;
auf den Seiten 10, 92, 126, 150, 151 von Fritz E. Urich, München;
auf den Seiten 24, 45–49, 58, 88–91, 93, 96, 97, 128 von Fred Lengnick und Renate Holzner, Zeitlarn-Neuhof.

Schwarzweißabbildungen auf den Seiten 82–87; Fotoatelier Wengle, Leinfelden.

Die übrigen Zeichnungen und Schwarzweißabbildungen stammen von den Autoren.

Die Zeichnung im Frontispiz stammt von Fred Lengnick und Renate Holzner.

Wir danken allen Personen, die uns Bildrechte zur Gestaltung des Innenteils zur Verfügung gestellt haben.

Hinweis für den Leser:
Alle Angaben wurden von den Autoren und vom Verlag sorgfältig überprüft. Dennoch kann eine Garantie nicht übernommen werden.
Alle Personennamen und sonstige Angaben bei den Tests und Beispielen wurden frei erfunden. Ähnlichkeiten mit lebenden Personen wären deshalb rein zufällig.

Druck: Presse-Druck Augsburg
Printed in Germany
ISBN 3-581-66614-6

2 3 * 91

Inhalt

Vorwort

Erfolg ist kein Zufall.
Hinter dem scheinbaren Glück anderer verbirgt sich meistens die Fähigkeit dieser »Glückspilze«, Situationen richtig einschätzen und grobe Fehler vermeiden zu können. Diese beiden Eigenschaften stellen eine wichtige Voraussetzung dar, um den Weg des Erfolges, der mit vielen Hürden bestückt ist, sicheren Schrittes zu gehen.
Wir möchten Ihnen mit diesem Ratgeber einen Begleiter auf den Weg geben, der Ihnen zeigt, wie Gefahrenquellen zu »umschiffen« sind.
Aber nicht nur das Vermeiden unnötiger Fehler, sondern vor allem auch die konsequente Planung und Verwirklichung eigener Ziele stehen im Mittelpunkt dieses Buches.

Anhand konkreter Beispiele steigen wir Schritt für Schritt eine Stufe höher auf der Erfolgsleiter. Dieser Leitfaden enthält eine Vielzahl von Tips und Ratschlägen, die Ihnen bei der Erreichung der gesteckten Ziele unverzichtbar sein werden. Ganz gleich, ob sich Ihre Ziele auf den Beruf oder auf das Privatleben beziehen, ein systematisches Vorgehen ist immer notwendig.

Es ist nie zu spät, sich für den Erfolg zu entscheiden. In welcher Situation Sie sich derzeit auch befinden, mit Hilfe dieses Buches und mit etwas Energie werden Sie lernen, worauf es zu achten gilt.
Vertun Sie Ihre Chancen nicht, indem Sie die anderen Erfolgreichen beobachten oder gar beneiden. Werden Sie selbst erfolgreich!

Hinweise für den eiligen Leser

Herzlichen Glückwunsch und gutes Gelingen! Sie halten soeben die Grundregeln für Ihren persönlichen Erfolg in Händen. Alles was Sie beachten sollten, um mehr zu erreichen, ist hier aufgeführt.
Die Kapitel, die sich mit den *Projektkarten* beschäftigen, sollten Sie

unbedingt in der im Buch angegebenen Reihenfolge lesen. Dies sind die Kapitel:

»Der erste Schritt«, Seite 11,

»Erfolgstraining – Projektkarten helfen«, Seite 121,

»Der richtige Umgang mit den Projektkarten«, Seite 123.

Das Einhalten der Reihenfolge bei den einzelnen Kapiteln im Buch wird Ihnen dadurch erleichtert, daß schon von Anfang an die Kapitel mit Übungen zum Mitmachen bestückt sind. Die ersten Übungen finden Sie zum Kapitel Gedächtnistraining ab Seite 24ff. Die Übungen werden jeweils folgendermaßen angekündigt:

It's Test Time

Nach jeweils vier bis fünf Kapiteln finden Sie ein *Memoblatt,* das in Kurzform noch einmal die wichtigsten Punkte des vorausgegangenen Kapitels enthält.

Soweit unsere Benutzerhinweise. Jetzt, lieber Leser, liegt es an Ihnen, mit Hilfe dieses Buches die Erfolgsleiter hinaufzusteigen!

Sollten Sie zum Inhalt des Buches Fragen haben, so freuen wir uns auf Ihre Zuschrift.
Schreiben Sie an:

Doris und Frank Brenner
c/o Humboldt-Taschenbuchverlag
Postfach 40 11 20
8000 München 40

Erfolg – Motor des Lebens

Sie sind auf dem besten Weg, erfolgreich zu werden. Nicht, daß wir hier voreilig Komplimente verteilen und Ihnen, dem Leser, schmeicheln wollen. Sie haben sich vorgenommen, erfolgreich zu sein, und haben die Verwirklichung Ihres Wunsches in Angriff genommen. Sie gingen in einen Buchladen und haben sich diesen Ratgeber besorgt, der Sie auf dem Weg zum Erfolg begleiten wird. Sie haben sich ein Ziel gesteckt und haben die Initiative ergriffen, um Ihr Ziel zu erreichen. Dieses aktive Verhalten ist eine sehr wichtige Voraussetzung für den Erfolg.

Erfolg hat viele Gesichter. Für den einen bedeutet Erfolg, ein schönes Haus zu bewohnen, einen repräsentativen Wagen zu fahren oder sich im Besitz eines »fetten« Bankkontos zu wissen. Weniger materiell eingestellten Menschen bedeuten die Zuneigung eines anderen und das Gefühl, von ihren Mitmenschen anerkannt und geschätzt zu werden, den größten Erfolg im Leben. Was auch immer Sie persönlich unter Erfolg verstehen, wir werden Ihnen helfen, Ihre Erfolgsziele zu erreichen. Denn Erfolg im Leben ist für den Menschen einer der wichtigsten Faktoren für die Zufriedenheit. So wie die Pflanze Licht und Wasser braucht, benötigt der Mensch das Gefühl, etwas schaffen zu können.

Wenn wir die Geschichte der Menschheit betrachten, so beruht jede neue Errungenschaft und jede technische Weiterentwicklung auf der Leistung und dem unermüdlichen Vorwärtsdrang einzelner.

Ob wir nun herausragende Wissenschaftler wie die Chemikerin MARIE CURIE oder den Physiker ALBERT EINSTEIN betrachten, oder Komponisten wie BEETHOVEN oder MOZART, sie alle brachten Spitzenleistungen aufgrund ihres festen Willens zum Erfolg. Der Wunsch, etwas Bleibendes zu schaffen und damit anderen und sich selbst zu beweisen, was alles erreichbar ist, stellt die Basis für jegliche Leistung und Weiterentwicklung dar.

Das menschliche Bedürfnis, erfolgreich zu sein, begegnet uns überall im täglichen Leben. Ein verlorenes Fußballspiel, Rückschläge im Geschäft oder eine Niederlage bei einer Abstimmung sind Erfahrungen, die unser Selbstwertgefühl stark beeinträchtigen können. Häufen sich diese Mißerfolge, stellen sich meist psychosomatische Leiden ein, also Krankheiten, deren Ursprung seelische Probleme sind.

Selbstbestätigung und Erfolg: zwei Grundpfeiler für das menschliche Leben! Zu dieser Erkenntnis kam auch der Psychologe MASLOW, der in seiner Bedürfnispyramide (siehe Abbildung) den hohen Stellenwert dieser beiden Faktoren zum Ausdruck bringt. Auf der untersten Stufe finden wir die sogenannten Grundbedürfnisse, wie Essen und Trinken. Sind diese elementaren Bedürfnisse befriedigt, rücken auf der nächsten Stufe Bedürfnisse nach Schutz (Kleidung, Wohnung) ins Blickfeld. Die beiden höchsten Stufen bilden die Bedürfnisse der sozialen Einbindung (Familie, Freunde) und schließlich ganz oben das der Selbstverwirklichung, die sich auf Erfolgserlebnisse und innere Zufriedenheit gründet.

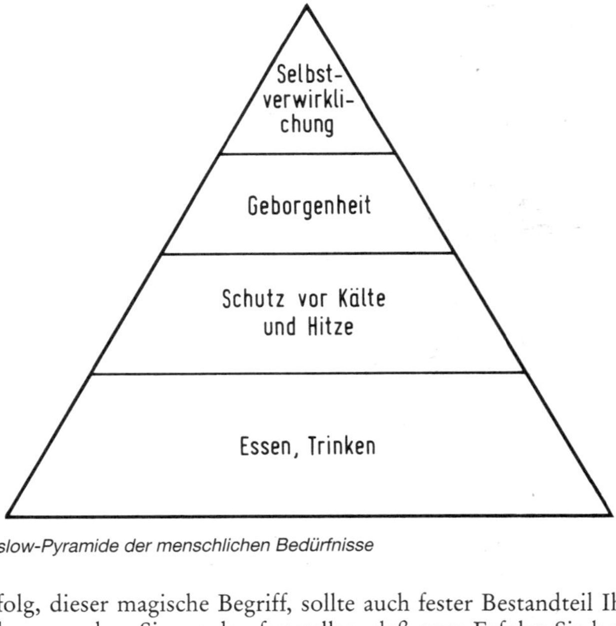

Maslow-Pyramide der menschlichen Bedürfnisse

Erfolg, dieser magische Begriff, sollte auch fester Bestandteil Ihres Lebens werden. Sie werden feststellen, daß erste Erfolge Sie beflügeln werden, denn Erfolg zieht Erfolg nach sich und verhilft Ihnen zu einer völlig neuen, optimistisch geprägten Lebenshaltung.

Der erste Schritt

Der erste Schritt scheint immer der schwierigste zu sein; doch Sie werden sehen, daß dies bei dem hier angebotenen Training nicht der Fall ist. Wenn Sie sich entschlossen haben, Ihr Leben erfolgreicher zu gestalten, sind Sie damit auch bereit, sich in einigen Bereichen zu ändern. Derartige Umstellungen sind leichter, als Sie glauben. Wichtig ist es für Sie zu erfahren, welches Verhalten zwangsläufig Mißerfolg verursacht. Nur dann haben Ihre Änderungspläne eine Grundlage; nur dann kann man auf Erfolgskurs steuern.

Weiter gehört dazu eine ständige kritische Selbstbeobachtung hinsichtlich der konsequenten Einhaltung Ihrer Pläne. Selbst Leute mit den besten Vorsätzen fallen oft in den alten unbefriedigenden Trott zurück. Dies passiert Ihnen nicht, wenn Sie sich mit Hilfe eines Systems selbst kontrollieren. Doch davon später.

Der erste Schritt zum Erfolg ist die Bestimmung Ihrer derzeitigen Position.

- Überlegen Sie, in welcher Situation Sie sich beruflich und privat befinden.
- Was möchten Sie in nächster Zukunft erreichen?
- Was möchten Sie zum Besseren wenden?

Viele Menschen reagieren auf diese erste Übung schon sehr verschreckt. Ursache dafür ist die Notwendigkeit, sich über sich selbst klar zu werden und sich überlegen zu müssen, was am augenblicklichen Lebensrhythmus nicht gefällt, wie die eigene Zukunft aussehen sollte. Bei der Zielsetzung ist es übrigens völlig unerheblich, ob es sich um materielle Ziele, wie ein neues Auto, eine Urlaubsreise usw., handelt, oder um eher abstrakte Ziele, wie klare Ausdrucksfähigkeit oder besseres Durchsetzungsvermögen.

► Um möglichst schnell ein erstes Erfolgserlebnis zu haben, auf dem Sie aufbauen können, wählen Sie zu Beginn keine Ziele, die erst über einen Zeitraum von etlichen Jahren zu verwirklichen wären.

Langfristige Ziele behalten Sie im Hinterkopf, um diese dann in einzelnen Etappen Schritt für Schritt anzusteuern. Erstellen Sie unter diesem Gesichtspunkt nun eine Liste von fünf Zielen, die Sie gern sofort erreichen würden.

Ziel 1: . . . .
Ziel 2: . . . .
Ziel 3: . . . .
Ziel 4: . . . .
Ziel 5: . . . .

Wir erläutern Ihnen in diesem Buch unsere theoretischen Ausführungen immer zum besseren Verständnis an einem Beispiel. Denn schon der römische Autor und Philosoph LUCIUS ANNAEUS SENECA (4 v. Chr. – 65 n. Chr.) sagte:

»Lang ist der Weg durch Lehren, kurz und erfolgreich durch Beispiele«.

Und da wir diese Erkenntnis heute noch mehr denn je für zutreffend halten, wollen wir Sie bekannt machen mit den konkreten Zielen, die sich Herr Z. gesetzt hat.

Dies waren die Ziele von Herrn Z.:

Ziel 1: *eine bessere Ehe führen*

Ziel 2: *ein Jahreseinkommen von DM 80 000,–*

Ziel 3: *Vorsitzender des Ortsvereins der XY-Partei werden*

Ziel 4: *Französischkenntnisse auffrischen*

Ziel 5: *mehr Freizeit*

Um Ihnen die einzelnen Phasen auf dem Weg zum Erfolg zu verdeutlichen, wollen wir uns im folgenden immer wieder ein Beispiel an Herrn Z. nehmen.

Überprüfen Sie jetzt, ob Sie in Ihrer eigenen Wunschliste nicht ein und dasselbe Ziel mehrmals aufgeführt haben. So sind beispielsweise Röcke, neue Schuhe, ein neuer Anzug usw. alle unter dem Stichwort »neue Bekleidung« unterzubringen. Begriffe, wie Glück oder Reichtum, müssen Sie jedoch präzisieren. Was würde Sie glücklich machen? Eine Urlaubsreise? Ein zufriedener Partner?

Was verstehen Sie unter Reichtum? Fühlen Sie sich bei einem Guthaben von DM 50000 oder erst bei einem von DM 200000 reich? Nennen Sie konkrete Zahlen.

Wenn Sie sich Macht und persönlichen Einfluß zum Ziel gesetzt haben, nennen Sie konkret die Bereiche, in denen Sie Macht und Einfluß bisher vermissen. Beispiele wären der Vorsitz eines Vereins oder die Position eines Abteilungsleiters/Hauptabteilungsleiters usw.

Nur wenn Sie Ihre Ziele klar umreißen, können Sie sie in Ihrer Planung richtig anvisieren. Unklare Gedanken, wie sie in Träumereien vorkommen, lassen sich nicht in die Praxis umsetzen und eignen sich somit nicht für effektive Planungen.

► Legen Sie nur Ziele fest, die Sie auch beeinflussen können. Sich im Lotto einen Volltreffer zu wünschen, eignet sich nicht als Ziel im Sinn dieses Buches, da Sie auf das Lottoergebnis keinen Einfluß nehmen können.

► Setzen Sie keine sogenannten »negativen« Ziele fest.

Darunter versteht man Ziele, deren Erreichung auf Kosten Ihrer Mitmenschen geht. Zwar funktioniert unser Phasenprogramm auch zur Erreichung eines derartigen Ziels, Sie würden sich aber dabei nur selber schaden, vom negativen Effekt, den Sie bei der Verfolgung »negativer« Ziele bei anderen verursachen, einmal ganz abgesehen. Haß und Rache, meist Motor von Gedanken, anderen »eins auszuwischen«, fressen Sie von innen her auf, da sie Ihr gesamtes Denken in Beschlag nehmen. Konstruktive Ideen sind auf einem vergifteten Nährboden nicht mehr zu erwarten. Negative Gedanken widersprechen aber auch der insgesamt positiven Lebenseinstellung (vgl. die Kapitel »Schlechte Laune«, S. 33, und »Nicht zum Pechvogel werden«, S. 42), die eine wichtige Grundlage des Erfolgstrainings darstellt.

Nachdem Sie Ihre Ziele konkret festgelegt haben, können Sie in die zweite Phase eintreten: Hier geht es darum, die vorher festgelegten Ziele in einzelne Bestandteile, die zur Erreichung des Ziels notwendig sind, zu untergliedern.

PHASE I **Was möchte ich erreichen?**	**PHASE II** **Wie ließe sich das erreichen?**	**PHASE III** **Realisierung**
Ziel 1 *eine bessere Ehe führen*	*dem Partner eine Freude machen*	*ein unerwartetes Geschenk (z. B. Schmuckstück) oder ein überraschender Kurzurlaub*
Ziel 2 *ein Jahreseinkommen von DM 80000*	*Nachfolger des Abteilungsleiters werden, der nächstes Jahr in den Ruhestand geht, oder eine entsprechende Position bei einer anderen Firma suchen. Dazu müssen Sie kontinuierlich die Stellenangebote in der Zeitung durchsehen*	*bei maßgeblichen Leuten entsprechendes Interesse bekunden, verstärktes Engagement zeigen und durch gute Leistungen überzeugen, Bewerbungen verschicken*
Ziel 3 *Vorsitzender des Ortsvereins der XY-Partei*	*Redegewandtheit verbessern, Kontakte knüpfen*	*Parteiprogramm besorgen, nächsten Besprechungsabend besuchen, konkret in Projekten engagieren*
Ziel 4 *Französischkenntnisse auffrischen*	*Sprachkurs besuchen, Aufenthalt in Frankreich, französische Lektüre*	*Kursangebote einholen und vergleichen, französische Zeitschrift abonnieren, nächsten Urlaub in Frankreich planen*
Ziel 5 *mehr Freizeit*	*geringeres Überstunden-Engagement im Beruf oder Umzug in die Nähe der Firma oder Abbau von häuslichen Routinen*	*weniger Überstunden, keine Sonderaufgaben übernehmen*

Wenn Sie, wie zum Beispiel Herbert Z., in Ihrem Wohnort Vorsitzender einer Partei werden wollen, müssen Sie verschiedene Voraussetzungen mitbringen. Diese Voraussetzungen gilt es jetzt zu schaffen. Sie müssen lernen, publikumswirksam zu reden, sich in die unterschiedlichsten Materien schnell einzuarbeiten und entsprechende Kontakte zu knüpfen. Konzentration und persönliche Ausstrahlung sind ebenfalls sehr wichtig.

Wenn Sie Ziel 5 mit Ziel 2 und in Teilbereichen auch mit Ziel 3 vergleichen, werden Sie erkennen, daß diese Ziele nicht in die gleiche Richtung deuten, sondern sich vielmehr gegenseitig behindern. Ein größeres Karriere-Engagement im Beruf läßt sich schlecht mit der Forderung nach mehr Freizeit verbinden.

► Verfolgen Sie nie gleichzeitig konkurrierende Ziele, denn das würde bedeuten, daß Sie zumindest bei einem Ziel nicht erfolgreich sein können, und daß die Niederlage in diesem Bereich schon vorprogrammiert ist.

Herbert Z. mußte sich jetzt überlegen, welches Ziel ihm wichtiger war, Ziel 2 kombiniert mit Ziel 3 oder Ziel 5. Herbert Z. hat sich für die Ziele 2 und 3 entschieden und das Ziel 5 umformuliert. Sein neues Ziel 5 lautete nach der Veränderung:
Die zur Verfügung stehende Freizeit intensiver für die Gesundheit nutzen.
Wenn wir dieses Ziel wieder in die Phasen I und II aufteilen, so sieht dies folgendermaßen aus:

Phase I ist die oben schon vorgenommene Definition des Ziels.

Für Phase II (Wie ließe sich dies erreichen?) gibt es eine alte medizinische Regel. Man erreicht den größten gesundheitlichen Effekt, wenn man *regelmäßig* etwas für die Fitneß tut. Am besten man erarbeitet sich ein Zeitschema, das den Sport mit den sonstigen Verpflichtungen abstimmt. Man kann zum Beispiel jede Woche zur gleichen Zeit einen Sportverein aufsuchen (hier sind die Schichtarbeiter natürlich benachteiligt), oder man nimmt regelmäßig an einem Lauftreff teil. An Angeboten, sich sportlich zu betätigen, fehlt es eigentlich nirgendwo.

Die Phase III, Realisierung des Ziels, gestaltet sich auch einfach. Besorgen Sie sich den Prospekt mit den Angeboten des örtlichen Sportclubs. In der Gemeindezeitung wird oft auf entsprechende Veranstaltungen hingewiesen. Versuchen Sie, Ihren Partner für dieselben regelmäßigen Sportleistungen zu gewinnen, denn gemeinsam hält man sich viel leichter an die gefaßten Vorsätze.

Was haben wir bisher erreicht?

Wir haben eine IST-Analyse vorgenommen, wissen, welche Ziele wir in nächster Zeit angehen möchten, und haben sogar schon konkrete Annäherungsmöglichkeiten an die Ziele erarbeitet.
All dies schreiben wir auf fünf Projektkarten. Jede Projektkarte enthält ein Ziel, sowie die Phasen I bis III auf dem geplanten Weg zur Realisierung.

Als Projektkarten eignen sich Karten der Größe 14,5 × 10,5 cm (Postkartenformat), wie sie im Handel als Karteikarten erhältlich sind.

▶ Lassen Sie die ausgefüllten Karten nicht zu Hause oder im Büro offen herumliegen, sondern bewahren Sie sie gut auf.

Niemanden geht es etwas an, welche Ziele Sie sich gesteckt haben (vgl. Kapitel: »Lassen Sie Erfolge für sich selbst sprechen«, S. 20). Die Projektkarten können Sie beispielsweise in diesem Taschenbuch besser noch in Ihrer Brieftasche aufbewahren.

Je weiter Sie sich durch dieses Buch arbeiten, desto näher werden Sie auch Ihren gesteckten Zielen kommen. Immer wenn Sie einen Schritt in Richtung auf Ihre Zielsetzung gemacht haben, vermerken Sie dies auf Ihrer Projektkarte. Sie werden feststellen, jeder Teilerfolg spornt Sie weiter an.

Manche der auf den Karten festgelegten Ziele werden Sie recht bald erreicht haben. Tauschen Sie dann die Karte gegen eine neue mit veränderter Zielsetzung aus.

▶ Überprüfen Sie, welche Schritte Sie in Richtung Erfolg bereits jetzt unternehmen können. Sie sollten Ihr Programm keinesfalls überstürzen. Machen Sie sich aber eine Art Terminplanung, wann Sie was erledigt haben wollen.

Hinweis für Leser, die immer das erste Kapitel auslassen: Bitte gehen Sie ausnahmsweise noch einmal zurück zu dem vorangegangenen Kapitel »Der erste Schritt«. Die weiteren Kapitel, die sich mit den Projektkarten beschäftigen, bauen darauf auf.

Erfolge Schritt für Schritt oder: Die »Salami-Taktik«

Bauen Sie auf bereits erreichte kleine Erfolge auf. Denn wie bei dem Sprichwort *»Geld kommt zu Geld«*, so verhält es sich auch beim Erfolg.

Dabei ist Erfolg durchaus keine auf Lebenszeit abonnierte Gabe. Auch der Erfolgreichste erlebt Niederlagen; diese kann er aber aufgrund bereits genossener Erfolge wesentlich besser verkraften als der notorisch Erfolglose.

Machen Sie sich von der Vorstellung frei, es gäbe ein Zweiklassensystem, das die Bevölkerung von Geburt an in Erfolgreiche und Erfolglose einteilt. Vielmehr besitzt der Erfolgreiche ein Talent, das ihm nicht zugeflogen ist, sondern das er sich erst hat erarbeiten müssen. Er verwendet kleine Erfolge als Stimulation zu neuen Ansätzen, die in der Zukunft zum Erfolg werden können.

Der Erfolgreiche ruht sich nicht auf seinen Lorbeeren aus, sondern steckt die daraus gewonnene Energie in neue Initiativen. Er ist zwar nicht vor Rückschlägen gefeit, auch nicht über die damit verbundenen Enttäuschungen erhaben, aber er wird seine Kraft darauf verwenden, aus Pechsträhnen Schlüsse zu ziehen und diese Erkenntnisse in Zukunft zu berücksichtigen.

Er wird sich nicht, wie meist der Versager, seinem Selbstmitleid hingeben, indem er allen anderen (nur sich selbst nicht) die Schuld gibt. Er wird sich auch umgekehrt nicht in Selbstanklagen gefallen und sich permanent einreden »Ich bin an allem schuld, ich bin zu nichts nutze«. Ist etwas schiefgegangen, selbstverschuldet oder nicht, münzt es der Erfolgreiche in eine Herausforderung für die Zukunft um, das heißt, er wird in dieser Richtung aktiv und läßt sich nicht gehen.

Lassen Sie Erfolge für sich selbst sprechen

► Wahren Sie auf jeden Fall Stillschweigen über Ihre Erfolgstrainingspläne. Sprechen Sie mit niemandem darüber, auch nicht mit Ihrem Partner.

Das hat nichts mit Geheimniskrämerei zu tun, sondern ist einfach taktisch klüger. Bevor Sie Ihre großartigen Pläne, die Sie dann aus irgendeinem Grund nicht oder nicht in dem geplanten Umfang verwirklichen können, in die Welt hinausposaunen, sollten Sie sich an die Arbeit machen, um die ersten Teilerfolge zu erzielen.

Große Projekte benötigen ihre Zeit. Auch später sollten Sie nicht von Ihren Absichten erzählen, bis Sie tatsächlich Erfolge vorweisen können.

Oftmals ändern Sie nämlich während der Verfolgung eines Ziels Ihre Pläne aus Erfahrungen heraus, die Sie vor Ihrer Initiative gar nicht haben konnten.

Dieses Schweigegebot hat für Sie mehrere wichtige Vorteile:

- Sollten Sie das angepeilte Ziel nicht ganz erreichen, vermeiden Sie den Spott Ihrer Feinde und das nicht auszubleibende Gelächter hinter Ihrem Rücken.
- Sie geben den Schwarzsehern keine Chance. Deren destruktive Bemerkungen könnten Ihrem Selbstvertrauen nur schaden und bringen Sie kein bißchen vorwärts.
- Sollten Sie das angepeilte und publik gemachte Ziel tatsächlich erreichen, so erwachsen Ihnen wiederum genügend Neider, die Ihnen den Erfolg nicht gönnen und einen Grund zum Spötteln finden: »Das wurde aber auch langsam Zeit, da hat er/sie aber auch lange genug dazu gebraucht« oder »Und das soll jetzt das ganze Ergebnis sein?«

Was für die große Politik gilt, sollte deshalb auch für Sie gelten. Über noch nicht erreichte Ziele Stillschweigen bewahren. Man kommt sonst schnell in den Ruf eines »Ankündigungsministers«.

Anders, wenn Freunde und Bekannte von Ihrem Erfolg überrascht werden, sei es nun in Form einer Beförderung, einer selbst renovierten Wohnung oder auch eines besuchten und bestandenen Abendkurses. Dies hängt ganz davon ab, welchen Zielen Sie auf Ihren Projektkarten Priorität geben. Nur im Überraschungsfall werden Sie für die erzielten Leistungen angemessene Anerkennung finden.

Vielleicht wird man mit dieser Methode nicht alle Ihre Erfolge bemerken und feiern. Aber liegt denn darin Ihr ganzes Streben?

Wichtig ist, daß Sie erkannt haben, was alles in Ihnen steckt, und die Anerkennung stellt sich dann schon von ganz alleine ein, ohne daß Sie immer auf Ihre Erfolge hinweisen müssen.

Der folgende Abschnitt unter der Überschrift *Memo* ist die Zusammenfassung der vorangegangenen vier Abschnitte. Aus jedem Abschnitt wird ein Kernsatz herausgezogen. Versuchen Sie sich zu erinnern, um was es in den besprochenen Kapiteln ging.
Wir haben Ihnen nach jeweils vier bis fünf Abschnitten eine weitere Memo-Seite zusammengestellt.

MEMO

- Erfolg wird auch für Sie zum Motor des Lebens. Ihr fester Wille, Erfolg haben zu wollen, bringt Sie Ihren gesteckten Zielen näher.
- Sie bestimmen Ihre augenblickliche Situation (Ist-Situation). Sie überlegen sich, was Sie verändern möchten, und definieren diese Ziele auf Projektkarten.
  Sie überlegen sich mögliche Wege zur Realisierung Ihrer gesteckten Ziele.
- Wir beginnen in kleinen Schritten. Erzielte Teilerfolge machen uns Mut und erlauben uns, die Planung für die nächsten Schritte in Angriff zu nehmen. Rückschläge führen nicht zur totalen Frustration, sondern werden auf Ihre Ursachen hin untersucht.
- Kündigen Sie Ihre Pläne nicht an. Denn Mitwisser können Ihnen großen Schaden zufügen durch destruktive Äußerungen, Neid und Schadenfreude bei Rückschlägen. Überzeugen Sie Ihre Umgebung durch Leistungen und erzielte Erfolge.

Pechsträhnen vermeiden

Sie sollten versuchen, in Zukunft Pechsträhnen durch geschickte Planung zu vermeiden. Es zeichnet den Erfolgreichen aus, daß er mögliche Risiken häufig schon von vornherein erkennt und die Anzahl gleichzeitig eingegangener Risiken verringert.

Dazu ein Fallbeispiel:

Benno hatte zum Beispiel seine langjährige Freundin, eine Ausländerin zu sich geholt und geheiratet. Die Frau hatte damit Kulturkreis, Heimatland, Familie und Beruf, die gesamte vertraute Umgebung verlassen, um zu Benno zu kommen. Eine an sich bewundernswerte Entscheidung, denn ein solcher Entschluß birgt mancherlei Risiken in sich. Was die Geschichte aber unverantwortlich machte, war die Tatsache, daß Benno beruflich noch nicht fest im Sattel saß und noch eine Prüfung mit einer hohen Durchfallquote vor sich hatte. Eine verpatzte Prüfung. Der damit verbundene Verlust des Arbeitsplatzes und des Einkommens war aber für die junge Ehe eine ernste Gefährdung, da die Frau in ihrem Beruf noch auf Arbeitsplatzsuche war. Benno hatte gleichzeitig zwei große Risiken auf sich genommen und sich in eine problematische Lage gebracht.

Mit einer vorausschauenden Planung hätte sich die Eheschließung noch gut sechs Monate verschieben lassen, bis der Ausgang der Prüfung festgestanden wäre. Das Eheversprechen, auch in schlechten Zeiten zusammenzustehen, muß man ja nicht gleich im ersten Jahr derart auf die Probe stellen.
Sicherlich kann man nicht generell sagen, daß eine Eheschließung vor einer abgeschlossenen Berufsausbildung unverantwortlich ist. Aber im beschriebenen Fall hätte sich Benno der Risiken bewußt werden müssen, da er damit rechnen mußte, daß seine Frau in dem ihr fremden Land ohnehin genügend Schwierigkeiten haben würde. Was Benno nun als Schicksalsschlag beklagt, war im Grunde nur mangelnde Planung.

»Das was die Leute gemeiniglich das Schicksal nennen, sind meistens nur ihre eigenen dummen Streiche« (SCHOPENHAUER).

Vorausplanen

Ob Sie im beruflichen oder im privaten Bereich mehr Erfolg suchen: Die rechtzeitige und gründliche Planung des Vorgehens ist sehr wichtig, um eventuelle Risiken richtig abschätzen zu können. Und dies wird nur möglich, wenn Sie über die entsprechenden Informationen verfügen.

Dazu folgendes Fallbeispiel:

> Alfred war mit seinem Auto von einem Polizeiwagen geschnitten worden und hatte sich über die Verkehrsgefährdung verständlicherweise sehr geärgert. Der Polizist seinerseits hatte das riskante Überholmanöver begangen, um Alfred zu stoppen, da dieser einige Kilometer zuvor falsch abgebogen war. Ein Umstand, der durchaus zutraf. Alfred ärgerte sich jedoch über die Unverhältnismäßigkeit der Mittel. Er ging wegen der Falschabbiegeanzeige des Polizisten vor Gericht. Bei rechtzeitiger und umfassender Information wäre Alfred klar geworden, daß es sich um zweierlei Vergehen handelte, einmal um falsches Abbiegen eines Verkehrsteilnehmers, zum anderen um riskantes Stoppen durch einen Polizisten. Alfred wurde vom Gericht zu einer Geldstrafe verurteilt, die die des Bußgeldbescheides erheblich überstieg.

Dieser Mißerfolg wäre vermeidbar gewesen. Der Spruch *»Hinterher ist man immer klüger«* sollte für Sie nach diesem Erfolgstraining keine Bedeutung mehr haben. Sie sollten sich in jedem Fall erst mit Informationen eindecken, damit Sie die Sachlage überschauen. Ihr weiteres Vorgehen würde dann von der vorherigen Erfolgsanalyse abhängen. Sie beschreiten einen Weg, der zum Erfolg führt, zumindest aber einen großen Mißerfolg verhindert.

▶ Die umfassende Information bereits im Vorfeld einer Entscheidung oder Handlung erfordert aber ein großes Maß an Aktivität. Sollten Sie das Handeln bereits verlernt haben, lernen Sie wieder, aktiv zu sein. Aktiv sein heißt in diesem Zusammenhang, die Fähigkeit zu schulen, sich mit gänzlich neuen Problemen auseinanderzusetzen.

Wer versucht, seine Probleme mit Aussagen wie »Das war schon immer so« und »Da könnte ja jeder kommen« zu lösen, dem fehlt die wichtige Fähigkeit, sich in ungewohnten Situationen zurechtzufinden. Die Tendenz vieler Leute, Probleme mit Standardsprüchen lösen zu wollen, ist leider sehr verbreitet. Aktiv sein heißt, Probleme nicht verdrängen in der Illusion, es werde einen schon nichts treffen, sondern eine Strategie zur Problemlösung zu entwikkeln.

Die Sache in die Hand zu nehmen verspricht immer mehr Erfolg als die oben dargestellte Haltung des Nichtssehens, Nichtshörens und Nichtssagens.

Tagträumerei in der stillen Hoffnung, alles werde sich schon noch zum Besseren wenden, hat noch nie jemandem wirklich geholfen. Vielmehr verschließt man sich auf diese Weise vor der Wirklichkeit und weigert sich, die Wahrheit zu akzeptieren. Menschen ohne Realitätsbezug gehören nicht zu den Erfolgstypen.

Gedächtnistraining

Ein weiterer wichtiger Meilenstein auf dem Weg zum Erfolg ist ein gutes Gedächtnis. Dahinter verbirgt sich die Fähigkeit, Fakten und Daten jederzeit abrufbar im Kopf zu speichern. Zum richtigen Zeitpunkt die richtigen Argumente und Zahlen parat zu haben, half schon so manche Situation entscheiden.

Gerade bei der *Bewerberauswahl im Berufsleben* spielt die Gedächtnisprüfung eine wichtige Rolle. Da sich das Gedächtnis weniger im Gespräch als vielmehr in Testaufgaben prüfen läßt, finden hierbei verstärkt Testverfahren Anwendung. Ob Sie sich nun um einen Ausbildungsplatz, eine Erstanstellung nach abgeschlossenem Studium oder für eine neue Stelle bewerben – um Testverfahren dieser Art werden Sie kaum herum kommen. Tests bieten dem Arbeitgeber die Möglichkeit, mehrere Bewerber im direkten Vergleich zu beurteilen. Dabei stehen eine ganze Reihe von Testverfahren zur Verfügung, denen man sich als Bewerber stellen muß. Aber mit entsprechender Vorbereitung ist dies kein Problem. Seien Sie zuversichtlich, alle diese Tests, die übrigens bis ins hohe Management zur Anwendung kommen, sind nicht unlösbar, man kann sie mit relativ wenig Aufwand trainieren. Zum Beispiel ist das Kurzzeitgedächtnis immer ein Gegenstand von Testverfahren. Ein gutes Kurzzeitgedächtnis spielt auch im täglichen Leben eine große Rolle. Ihnen ist es sicherlich schon passiert, daß Sie im Betrieb oder während einer Zusammenkunft jemandem vorgestellt werden. Sie treffen denjenigen kurze Zeit später wieder, und Ihnen fällt der Name einfach nicht mehr ein. Dabei ist es sehr wichtig, Personen bei der Begrüßung nicht alle mit einem unpersönlichen »Guten Morgen, Guten Tag« zu begrüßen. Es zahlt sich aus, einen solchen Gruß persönlich zu gestalten. Sie selbst erwidern einen Gruß auch ganz anders, wenn der Grüßende Ihnen zur Mittagszeit nicht nur ein fades »Mahlzeit« entgegenschleudert, sondern Sie mit »Guten Appetit, Herr Müller« begrüßt. Unser Kurzzeitgedächtnis ist aber nicht nur im Bereich von Namen, sondern auch bei kurzfristig immer wiederkehrenden Artikelnummern, Preisgruppen, Rabattmargen usw. gefordert. Daher versteht man auch, daß Arbeitgeber diese Fähigkeit vor einer Einstellung abtesten möchten.

Viele Aspiranten versuchen, Ihr schlechtes Gedächtnis schon mit Alterssenilität zu erklären. Es liegt aber meistens am mangelnden Training des Gedächtnisses, wenn Personen die alltäglichsten Dinge immer wieder nachprüfen müssen und sie sich über kurze Zeiträume nicht merken können.

Wir stellen Ihnen jetzt ein paar Gedächtnistrainingsaufgaben* vor. Sie bestehen aus ganz unterschiedlichen Mustern. Dies wird der Bandbreite besser gerecht. Sie erinnern sich sicherlich noch, daß es etwas vollkommen anderes ist, ob man ein Gedicht auswendig lernt oder sich Zahlen merken möchte. Die verschiedenen Arten der Merkfähigkeit sind beim Menschen unterschiedlich ausgeprägt. Manche Menschen können sich Daten ganz hervorragend merken; geht es aber um Texte oder um die Fähigkeit, graphische Abbildungen zu speichern, sind sie hilflos. Gleiches gilt natürlich auch umgekehrt.

---

* Hierzu empfehlen wir dem interessierten Leser auch »Spaß mit Tests« (Bd. 195) und »Teste deine Intelligenz« (Bd. 225); beide erschienen im Humboldt-Taschenbuchverlag, München.
Weitere Testaufgaben finden Sie in folgendem Humboldt-Taschenbuch: »Eignungstests erfolgreich bestehen« (Bd. 463).

TEST I

Wir stellen Ihnen eine kurze Geschichte vor, zu der Sie im Anschluß einige Fragen beantworten sollen. Es versteht sich bei diesem Kapitel von selbst, daß Ihnen wie in der Praxis bei der Beantwortung der Fragen der Text nicht mehr zur Verfügung steht. Diesen müssen Sie daher, bevor Sie zur Beantwortung übergehen, abdecken.

Wir sind heute zu Gast beim TSV Hochwerder. Dieser traditionsreiche Verein wurde 1879 gegründet. Sein Vorsitzender, Herr Alexander Böhme, 48, seit über 20 Jahren Mitglied des Vereins, nimmt seine Aufgabe sehr ernst. Er war unter anderem federführend am Bau des neuen Vereinsheims in der Waldstraße beteiligt. Neben dem Breitensport ist der Verein sehr stolz auf seine Fußballmannschaft, die in der Bezirksliga spielt.

Decken Sie nun den Text ab, und versuchen Sie folgende Fragen zu beantworten:

1 Wann wurde der TSV Hochwerder gegründet?

2 Wie heißt der Vereinsvorsitzende?

3 Wo wurde das neue Vereinsheim gebaut?

4 Welcher Spielklasse gehört die Fußballmannschaft des Vereins an?

Sie werden wahrscheinlich keine großen Schwierigkeiten bei der Beantwortung gehabt haben. Dies liegt bei der Übung auch daran, daß Sie nur mit einer geringen Datenmenge belastet wurden. Verständlicherweise fällt es einem in diesem Fall wesentlich leichter, die gewünschten Informationen wieder abzurufen. Wäre unser Text doppelt so lang ausgefallen, angefüllt mit zusätzlichen Informationen, hätten Sie entsprechend mehr Schwierigkeiten gehabt, die Daten bis zur Beantwortung der Fragen im Kopf zu behalten.

★

Die nächste Übung testet Ihre visuelle (bildliche) Merkfähigkeit. Sehen Sie sich die abgebildeten Figuren drei Minuten lang an.

TEST II:

Prägen Sie sich bei den folgenden Figuren die Lage des geschwärzten Feldes ein. Sie sollen später bestimmen, welche Felder in den einzelnen Figuren eingeschwärzt waren.

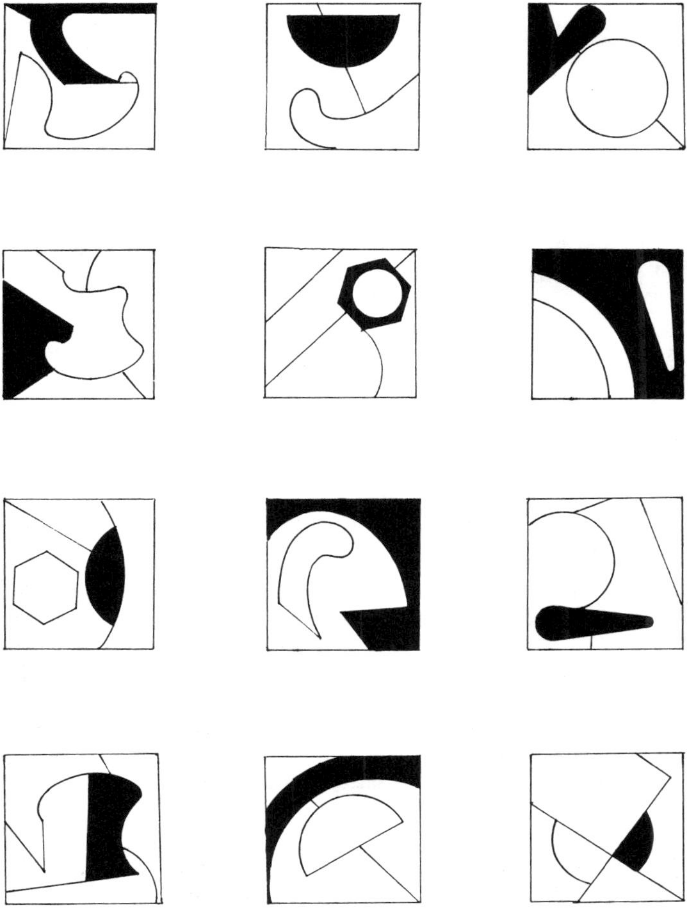

A
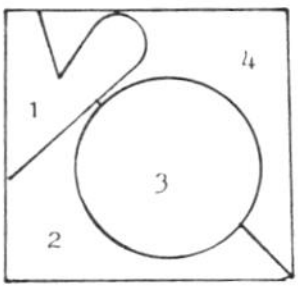

B
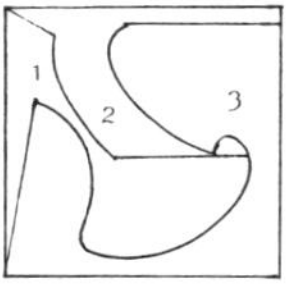

C
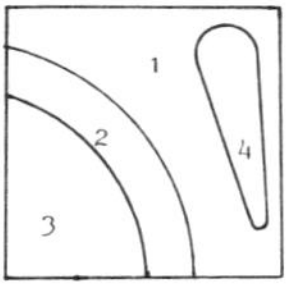

D
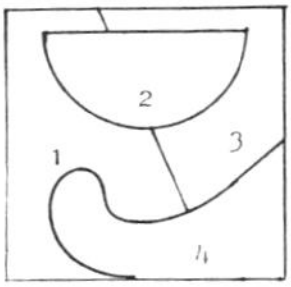

E
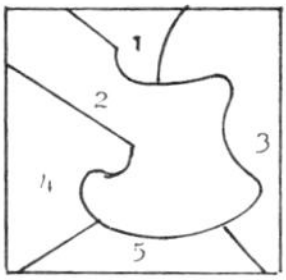

F
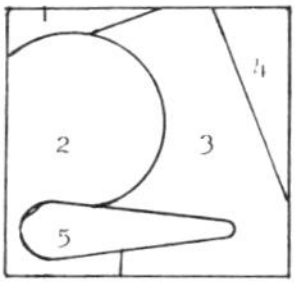

G
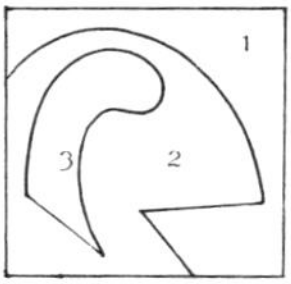

H
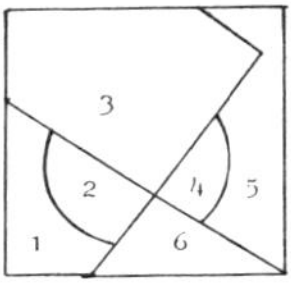

I
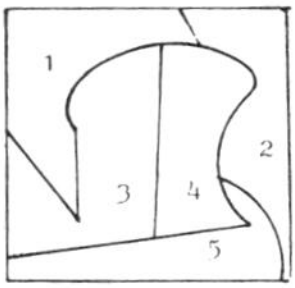

J
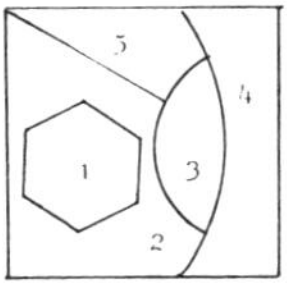

K
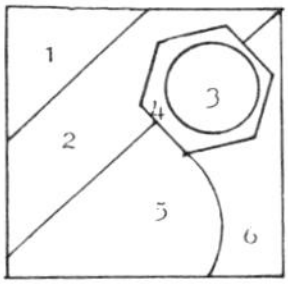

L
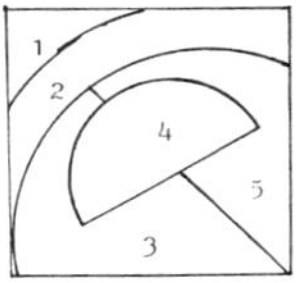

Kreuzen Sie nun in nachstehendem Kasten an, welches der Felder im Original geschwärzt war; blättern Sie jedoch erst, nachdem Sie Ihre Lösungen angekreuzt haben, zu den Originalzeichnungen zurück, und vergleichen Sie sie mit den Lösungen auf Seite 32.

A	**1 2 3 4** ☐☐☐☐	**E**	**1 2 3 4 5** ☐☐☐☐☐	**I**	**1 2 3 4 5** ☐☐☐☐☐
B	**1 2 3** ☐☐☐	**F**	**1 2 3 4 5** ☐☐☐☐☐	**J**	**1 2 3 4 5** ☐☐☐☐☐
C	**1 2 3 4** ☐☐☐☐	**G**	**1 2 3** ☐☐☐	**K**	**1 2 3 4 5 6** ☐☐☐☐☐☐
D	**1 2 3 4** ☐☐☐☐	**H**	**1 2 3 4 5 6** ☐☐☐☐☐☐	**L**	**1 2 3 4 5** ☐☐☐☐☐

TEST III:

Lesen Sie sich den Lebenslauf von R. Kaminski aus Assandra aufmerksam durch. Prägen Sie sich die abgebildeten Personen ein.

Rudolf Kaminski

Rudolf Kaminski
wohnhaft in Assandra
Telefon: 47149

Rudolf Kaminski wurde am 16. 9. 1954 in Bialstock geboren. Als Sohn des Hufschmieds Peter Kaminski wuchs Rudolf bei seinen Eltern auf. 1970 ging er von der Hauptschule ab und begann eine Lehre als Maurer. Nach Abschluß der Lehre besuchte er 1975 die Meisterschule in der Nachbarstadt Camirk. 1979 zog er nach Assandra und eröffnete hier seinen eigenen Betrieb.
Er war maßgeblich am Bau des neuen Rathauses in Assandra sowie der Reifenfabrik in Tosalk beteiligt. 1981 heiratete er Agnes Dombrowski. Seine Tochter Emilie wurde am 2. 5. 1983 geboren. Rudolfs Hobbies sind Tanzen, Wandern und Skatspielen.

Peter Kaminski
(Rudolfs Vater)

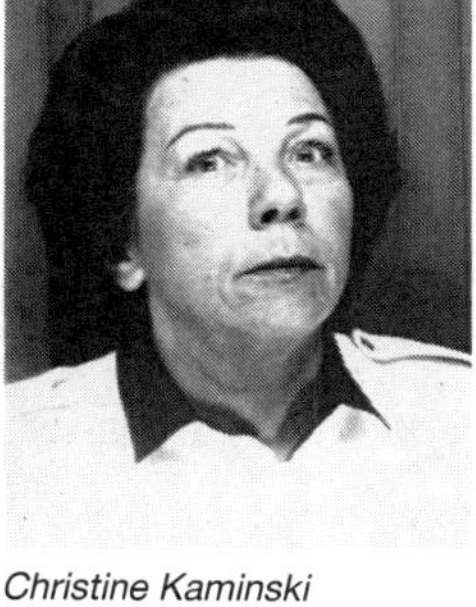

Christine Kaminski
(Rudolfs Mutter)

Agnes Dombrowski

Versuchen Sie, nachfolgende Fragen zu beantworten, ohne im Text oder bei den Lösungen nachzusehen. Geprüft wird, ob Sie sich die Bilder so einprägen konnten, daß Sie die Personen wiedererkennen und die Daten zu den Personen speichern konnten.

1 **Wann wurde Rudolf Kaminski geboren?**

a) 4. 7. 1949 b) 16. 9. 1954 c) 6. 9. 1949 d) 7. 2. 1949

2 **Welches Bild zeigt Rudolf Kaminski?**

a)

b)

c)

d)

3 **Welches Bild zeigt Agnes Dombrowski?**

a)

b)

c)

d)

4 **Welches Bild zeigt Christine Kaminski?**

a)

b)

c)

d)

5 Welches Bild zeigt den Vater von Rudolf Kaminski?

a)

b)

c)

d)

6 Welchen Vornamen hatte der Vater von Rudolf Kaminski?

a) Hans b) Emil c) Alfred d) Peter

7 Wo besuchte Rudolf die Meisterschule?

a) Camirk b) Bialstock c) Assandra d) Kussunski

8 Welchen Beruf erlernte Rudolf nach Abschluß der Schule?

a) Gärtner b) Hufschmied c) Maurer d) Elektriker

9 Rudolf war am Bau einer Reifenfabrik beteiligt. Wie heißt die Stadt, in der die Fabrik gebaut wurde?

a) Tosaluk b) Tosalk c) Tossalk d) Tousalk

10 Wie lautet die Telefonnummer von Rudolf?

a) 47149 b) 742961 c) 74194 d) 47491

11 Welche Hobbies hat Rudolf?

LÖSUNGEN ZU DEN GEDÄCHTNISÜBUNGEN:

Zu Test II:

A) 1	B) 2	C) 1	D) 2
E) 4	F) 5	G) 1	H) 4
I) 4	J) 3	K) 4	L) 2

Zu Test III:

1) b	2) c	3) c	4) a	5) b	6) d	7) a
8) c	9) b	10) a	11) Tanzen, Wandern, Skatspielen			

Aktive Stimmungsgestaltung

Sich-Hängen- und Gehenlassen, Zerfließen in Selbstmitleid, Resignation aufgrund von Enttäuschungen – das ist oft der »Stoff«, aus dem die Pechsträhnen sind. Wie man solche vermeiden kann, wollen wir Ihnen in diesem Kapitel zeigen.

Schlechte Laune abbauen

Sie haben sicher schon öfter Tage erlebt, an denen Sie niedergeschlagen und deprimiert waren und eigentlich gar nicht so recht wußten warum. Gedrückte Stimmung stellt sich oft nach erlebten Rückschlägen in Verbindung mit körperlichem Unwohlsein ein, zum Beispiel nach einer Grippe: Sie halten sich eigentlich schon wieder für »einsatzfähig« und fühlen sich dennoch schlapp und unzufrieden. Versuchen Sie den Gründen für Ihre schlechte Laune auf die Spur zu kommen, und Sie werden feststellen: Handfeste Gründe stecken gar nicht dahinter! Vielmehr ist es die Addition mehrerer kleiner Negativfaktoren, die zu dem schlechten Gesamtbild führt.
Bei vielen Menschen spielt auch das Wetter eine entscheidende Rolle. Besonders die Herbst- und Wintermonate mit ihrem naßkalten Wetter lassen oft gute Stimmung nicht aufkommen. Rheumakranke empfinden Wetterumschwünge als sehr schmerzhaft. Auch dies trübt das Stimmungsbild stark.

► In allen Fällen sollten Sie sich dennoch an Ihre Projektplanungen halten. Schauen Sie nach, was Sie bei den gerade bearbeiteten Projekten als nächstes anstreben und inwieweit Sie sich Ihrem Ziel bereits genähert haben. Oftmals wirkt auch ein Rückblick auf bereits erreichte Ziele und Erfolge Wunder. Machen Sie sich klar, daß es auf Ihrem Weg zum Ziel früher schon schlechte Tage gab, an denen Sie den Mut verloren hatten. Sie kamen dennoch erfolgreich ans Ziel.

So kann es auch jetzt wieder sein. Wenn erst das Ziel erreicht ist, denken Sie an Tage des Zweifels nicht mehr. Daher sollten Sie Tage schlechter Laune, die sich auch sehr negativ auf Ihre Umgebung auswirken, reduzieren. Vielen Menschen hilft es in einer solchen Situation, wenn sie sich Musik anhören, die ihnen gut gefällt. Ähnliche Wirkung kann auch das Betrachten von Bildern haben. Nehmen Sie sich doch mal ein Photoalbum zur Hand, und blättern Sie darin. Lesen Sie einen Reiseführer über ein Land, das Sie besuchen möchten. Versuchen Sie auf jeden Fall, Ihre Gedanken von negativen Einflüssen abzulenken. Die Tatsache, daß Sie sich auf etwas anderes konzentrieren, gibt Ihnen gar keine Gelegenheit, weiter zu grübeln oder in Selbstmitleid zu zerfließen. Auch körperliche Anstrengungen, wie Joggen, Schwimmen oder Radfahren, werden bestimmt diese Ablenkungsfunktion übernehmen. Wenn Sie dann erschöpft nach Hause kommen, sich unter die Dusche stellen und sich dann bei einem Getränk gemütlich hinsetzen, haben Sie das Gefühl, etwas geleistet zu haben. Die schlechte Laune verfliegt dann meist, und Sie haben den Kopf wieder frei für positive Gedanken.

MEMO

- Kalkulieren Sie die Risiken, die Sie eingehen. Sind Sie sich über mögliche Konsequenzen Ihrer Vorgehensweise bewußt? Dazu gehört umfassende und sorgfältige Information.
- Mit dem erarbeiteten Wissen läßt sich eine Planung aufstellen, bei der Ihnen nicht plötzlich alle Felle davonschwimmen.
- Trainieren Sie bewußt Ihr Gedächtnis. Versuchen Sie, sich Namen und Gesichter zu merken.
- Blockieren Sie Ihre Kreativität und Ihren Schaffensdrang nicht mit schlechter Laune. Denn schlechte Laune verhindert immer den Erfolg.

Mit Enttäuschungen umgehen können

Hand aufs Herz: Wie oft haben Sie sich schon dabei ertappt, wie Sie sich sagten: *»Jetzt hab' ich mich abgeschunden, meine persönlichen Interessen völlig zurückgestellt, und das ist jetzt der Dank dafür!«* Aussprüche dieser Art sind ein deutliches Zeichen dafür, daß Sie mit der momentanen Situation nicht zurechtkommen, sich ausgenutzt fühlen und anderen vorwerfen, Ihre Leistung nicht entsprechend honoriert zu haben.

Es ist eine bittere Erfahrung, wenn man sich beispielsweise im Beruf sehr engagierte, unbezahlte Überstunden gemacht hat und dann ein anderer befördert wird.
Die ganze Enttäuschung basiert auf einer erwarteten Dankbarkeit, die aber eine völlig falsche Motivation für eigene Leistung darstellt.

► Mit der Hoffnung auf Dankbarkeit und entsprechende Anerkennung begeben Sie sich in recht seichtes Gewässer, denn Sie machen Ihre persönliche Zufriedenheit von anderen abhängig.

Dazu ein Fallbeispiel:

Claudia N. arbeitete als Sachbearbeiterin in einer Exportabteilung. Ihr Kollege und sie waren jeweils für eine bestimmte Absatzregion zuständig. Als ihr Kollege kündigte, wurde seine Stelle nicht gleich wieder besetzt; und so erledigte Claudia N. mehr als ein Jahr lang die Arbeit beider Aufgabengebiete ohne eine Gehaltserhöhung und, ohne daß die zahlreichen Überstunden bezahlt worden wären. Sie ließ sich immer damit vertrösten, daß man ihre Bemühungen zu schätzen wisse und auch entsprechend honorieren werde. Da sich auch im darauffolgenden Jahr keine Veränderung abzeichnete, entwickelte sich eine solche Unzufriedenheit bei Claudia N., daß sie schließlich resigniert das Handtuch warf und kündigte.

Die Enttäuschung beruhte in erster Linie auf der Tatsache, daß sie sich ausgenutzt fühlte und daß ihre Leistung (außer mit schönen Worten) nicht honoriert wurde. Der große Einsatz, den sie brachte, basierte nicht auf ihrem eigenen Wunsch, mehr zu leisten und neue Arbeitsgebiete kennenzulernen. Äußerer Zwang durch die Kündigung des Kollegen war der Auslöser.

► Damit sind wir beim Kernpunkt angelangt: Es ist wichtig, hinter den Dingen, die man tut, und den Entscheidungen, die man trifft, auch selbst zu stehen!

Sie müssen davon überzeugt sein, daß es richtig ist, was Sie tun, und daß Sie es auch selbst so gewollt haben. Am Beispiel von Claudia N. hätte dies bedeutet, daß sie sich bei der Kündigung des Kollegen hätte fragen müssen, ob sie bereit wäre, die anfallende Mehrarbeit zu übernehmen, und wenn ja, zu welchen Bedingungen. Wäre sie zu ihrem Vorgesetzten gegangen und hätte ihm ihre Bedingungen klar genannt (z.B. bezahlte Überstunden), hätte sie ihre Entscheidung frei treffen können.

► Nur durch die klare Festlegung dessen, was Sie wollen und was Sie nicht akzeptieren, nur durch die persönliche Identifizierung mit dem eigenen Handeln können Sie sich von anderen unabhängig machen. Diese Verhaltensweise hat nichts mit Egoismus zu tun, auch wenn viele Außenstehende das oft fälschlicherweise so sehen.

Es bleibt etwas sehr Schönes, anderen Menschen eine Freude zu machen, sei es durch eine Hilfeleistung oder durch Geschenke. Entscheidend dabei ist nur, daß Sie Ihr Ziel bereits mit dem Freudebereiten erreichen. Oftmals steckt dahinter jedoch das eigentliche Ziel, Dankbarkeit vom Beschenkten zu erhalten, und das Geschenk dient als Mittel zum Zweck. Zwangsläufig handelt man sich wieder Enttäuschung ein, wenn Dankbarkeit und Anerkennung ausbleiben.

Die richtige Selbsteinschätzung

Jeder von uns nimmt die unterschiedlichsten Rollen an, je nachdem, in welcher Gruppe er sich gerade befindet. In einer Gruppe erwerben Sie sich einen sozialen Status mit freundschaftlichen oder auch feindschaftlichen Beziehungen zu anderen Gruppenmitgliedern. Stellen sie fest, in welchen Gruppen Sie Mitglied sind und welchen Status Sie dort genießen.* Dies ist wichtig, um für die weitere Erfolgsplanung notwendige Konsequenzen zu ziehen.

Am Beispiel von Herrn Z. möchten wir Ihnen darstellen, in welchem sozialen Umfeld auch Sie sich befinden könnten. Herr Z. ist verheiratet und hat zwei Kinder. Diese Familie bildet seine *Primärgruppe.* Unter einer Primärgruppe versteht man den Bereich der engsten persönlichen Beziehungen, so wie sie in einer Familie herrschen. Die Familie gehört auch zu den *formellen Gruppen,* denn sie ist planmäßig geschaffen worden und unterliegt festen Regeln. So orientieren sich beispielsweise die Kinder an den Eltern, werden von ihnen erzogen, ernährt und ausgebildet.

Herr Z. ist gleichzeitig Mitglied in einer anderen, ebenfalls *formellen Gruppe.* Es handelt sich hierbei um die Abteilung, in der er seinen Beruf ausübt. Als Gruppenmitglieder trifft er hier seine Mitarbeiter, Kollegen und Vorgesetzten. Da es sich aber nun nicht um den Bereich der engsten persönlichen Beziehungen handelt, da sich die Gruppe nur zur Erfüllung der Unternehmensziele formiert hat, spricht man von einer *Sekundärgruppe.*

In seiner Freizeit engagiert sich Herr Z. in der XY-Partei. Dabei handelt es sich wiederum um eine *formelle Gruppe* mit festgelegten Regeln.

---

* In diesem Zusammenhang geben auch folgende Titel wertvolle Anregungen: »Selbstsicher – selbstbewußt« (Bd. 609), »Körpersprache verstehen« (Bd. 590) und »Prüfe Deine Menschenkenntnis« (Bd. 531); alle Bände erschienen im Humboldt-Taschenbuchverlag, München.

Wenn Herr Z. abends mit dem Bus nach Hause fährt, so ist er auch hier wieder Mitglied einer Gemeinschaft, die sich aus allen Fahrgästen zusammensetzt. Diese Gruppe unterscheidet sich jedoch ganz wesentlich von den bisher genannten, denn sie hat sich rein zufällig gebildet und hat auch keinerlei Beständigkeit. Diese Gruppe ist so lange ohne Bedeutung, wie sich zwischen den einzelnen Fahrgästen keine weiteren persönlichen Beziehungen bilden. Der Zustand ändert sich schlagartig, sollte der Überlandbus abends auf freier Strecke verunglücken. Dann sind die Fahrgäste und Gruppenmitglieder aufeinander angewiesen, und es bildet sich eine soziale Struktur, in der verschiedene Rollen wahrgenommen werden. So gibt es dann Wortführer, Befehlsempfänger und Außenseiter, so wie in all den vorher erwähnten Gruppen.

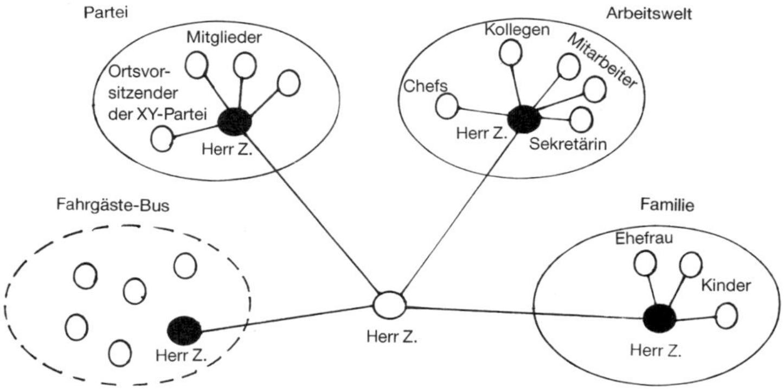

In allen Gruppen existieren Ihnen gegenüber Erwartungen. Je nachdem, wie Sie diesen Erwartungen gerecht werden, gestaltet sich auch Ihr sozialer Status innerhalb der Gruppe. Entsprechend verfügen Sie auch über Einfluß und Ansehen. Da man meistens aber nur eine Sache zu einer Zeit bewältigen kann, wird man nie allen Erwartungen, die an einen gestellt werden, gerecht werden können.

► Es gilt dann abzuwägen, welche Erwartungen von Ihnen mit Priorität versehen werden. Daraus ergibt sich im Gegenzug, welchen Personen und Erwartungen Sie nur eine geringe Priorität zumessen, denn deren Erwartungen werden Sie dann nicht erfüllen können.

Überprüfen Sie jetzt, in welchen formellen Gruppen Sie Mitglied sind, welche Stellung Sie innerhalb der Gruppe einnehmen und welche Beziehungen um Sie herum noch in der Gruppe existieren.

Verwenden Sie obiges Schaubild bitte als Muster für ein eigenes Diagramm, das Sie sich auf jeden Fall aufstellen sollten.

Herr Z. hat jetzt nicht nur festgestellt, in wie vielen formellen Gruppen er sich befindet, er möchte auch konkret wissen, wie sich die Beziehungen zwischen ihm und den anderen Gruppenmitgliedern gestalten. Für Sympathie, Freundschaft, Wertschätzung verwendet er einen einfachen Pfeil. Doppelte Pfeile bedeuten, daß die Freundschaft nicht nur in eine Richtung geht, sondern auf Gegenseitigkeit beruht. Gestrichelte Pfeile bedeuten eine negative Einstellung (Ablehnung, Verachtung, Feindschaft); wobei auch hier wieder ein doppelter Pfeil zeigen soll, daß die Abneigung auf Gegenseitigkeit beruht.
Herr Z. möchte aber nicht nur festlegen, wie seine Beziehungen zu den anderen Gruppenmitgliedern aussehen, sondern er bewertet auch die Beziehungen der Gruppenmitglieder untereinander. Diese sozialen Beziehungen können für seinen Erfolg Bedeutung erlangen.

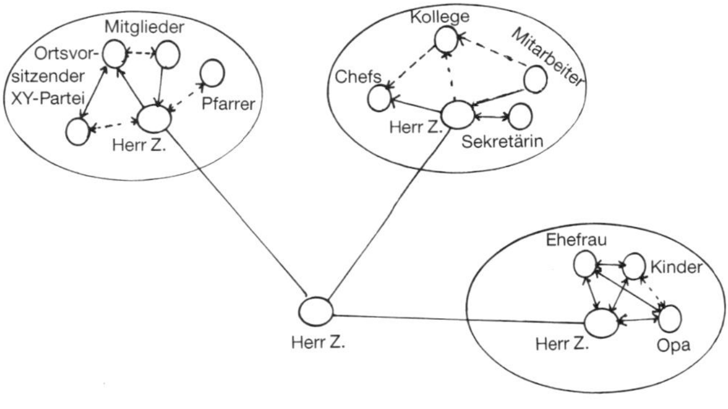

Wenn Sie versuchen, auch diesen Schritt nachzuvollziehen, kommen Sie zu der Frage, für welche Gruppenmitglieder Sie Sympathien empfinden, bei welchen Mitgliedern Abneigung und vielleicht sogar Haß überwiegen. Bevor Sie sich festlegen, sollten Sie Ihre rein emotionale Einschätzung noch einmal an folgendem Schema überprüfen. Vielleicht erhärtet sich Ihre Einstellung, oder Sie stellen fest, daß bei der Beantwortung der folgenden Fragen, die betreffende Person eigentlich kaum schlechte Seiten aufweist.
In diesem Fall lohnt es sich zu überlegen, wie Sie eigentlich zu der negativen Einschätzung der Person gekommen sind. Auf irgendwelchen Erlebnissen oder Tatsachen muß die Antipathie ja beruhen.

Oder baut sie ausschließlich auf den Erzählungen anderer auf, die die betreffende Person nicht leiden können? Dann sollten Sie Ihr Bild von der Person schnellstens zurechtrücken!

Versuchen Sie anhand der folgenden Fragen auch festzustellen, wie die anderen Sie sehen. Wie haben Sie sich den betreffenden Personen gegenüber verhalten?

Nehmen Sie bei der Beantwortung der Fragen eine Wertung von 0–4 vor, wobei die Wertungszeichen die folgende Bedeutung haben:

0 = überhaupt nicht/ganz gering/kaum	**2** = vorhanden
1 = teilweise vorhanden	**3** = deutlich vorhanden
	4 = sehr stark ausgeprägt

Beispiel: Sollten Sie die Person für sehr selbstbewußt, vielleicht sogar schon für arrogant halten, so kreuzen Sie bei dieser Frage unter »4« an. Ist die Person »mundfaul« und extrem eigenbrötlerisch, so antworten Sie bei der Frage nach der Kontaktfreudigkeit mit »0«.

		0	1	2	3	4
1	Unterhalten Sie sich mit der Person?					
2	Glauben Sie, daß die Gespräche offen sind?					
3	Halten Sie die Person für ehrlich?					
4	Beneiden Sie die Person? (Hierbei kann es sich handeln um materiellen Neid, weil die Person bei Kollegen anerkannt wird, oder Neid, weil die Person manches besser kann.)					
5	Ist die Person hilfsbereit?					
6	Schätzen Sie die Person fachlich und leistungsmäßig als gut ein?					
7	Hat die Person für Sie eine Ausstrahlung?					
8	Ist die Person vertrauenswürdig?					
9	Ist die Person selbstbewußt?					
10	Ist die Person immer nur auf den eigenen Vorteil bedacht?					
11	Ist die Person egozentrisch?					
12	Ist die Person kontaktfreudig?					

		0	1	2	3	4
13	Ist die Person umständlich?					
14	Halten Sie die Person für heimtückisch?					
15	Hat die Person einen »Dickkopf«, und ist sie kompromißlos?					
16	Haben Sie mit der Person oft Streit, starke Konflikte?					
17	Schätzen Sie die Anerkennung der Person durch die Kollegen als hoch ein?					

Versuchen Sie jetzt Ihr eigenes Sympathie-Antipathie-Schema zu entwickeln, analog zu dem Schema von Herrn Z. auf Seite 38. Tragen Sie auch die sozialen Beziehungen der anderen Gruppenmitglieder zueinander ein.

★

Zurück jetzt zum Schema von Herrn Z. auf Seite 38.
Innerhalb der Familie von Herrn Z. überwiegen die Sympathien. Lediglich die beiden Kinder von Herrn Z. können sich gegenseitig nicht leiden, hier spielt sicher Rivalität die entscheidende Rolle.

In der Abteilung von Herrn Z. erkennt man seine Wertschätzung dem Chef gegenüber, ebenfalls seine Hochachtung vor den Arbeitsleistungen der Sekretärin. Dies beruht jedoch auf Gegenseitigkeit, da auch die Sekretärin Herrn Z. schätzt. Abneigung existiert dem Herrn Z. gleichgestellten Kollegen gegenüber. Seinem ihm zugeordneten Mitarbeiter gegenüber empfindet Herr Z. weder Zuneigung noch Abneigung; hier prägt Gleichgültigkeit das Bild.

In der Ortsgruppe der XY-Partei versteht sich Herr Z. nicht mit dem Vorsitzenden, was ebenfalls auf Gegenseitigkeit beruht. Dafür schätzt Herr Z. das Mitglied 1, welches ebenfalls beim Vorsitzenden hoch im Kurs steht. Antipathie Herrn Z. gegenüber kommt vom Mitglied 3.

► Es ist wichtig festzustellen, ob Personen, die Sie nicht mögen, auch von den anderen nicht geschätzt werden.

So wäre es für Herrn Z. wesentlich günstiger, wenn der Vorsitzende der XY-Partei nicht nur von ihm, sondern auch von den anderen Parteimitgliedern nicht gemocht werden würde. Sein angestrebtes Ziel, als neuer Vorsitzender gewählt zu werden, wäre dann um einiges leichter zu verwirklichen. Tatsächlich aber hat er gegen einen

Gegner anzutreten, der bei einigen Parteimitgliedern Sympathien hat, so beispielsweise bei Mitglied 1.

★

Überprüfen Sie jetzt, wo und in welcher Anzahl Antipathien in Ihrem eigenen Diagramm vorkommen. Fragen Sie sich, ob Sie die Ursache für diese Antipathien kennen und ob es mögliche Lösungen zum Abbau derartiger Ablehnung gibt. Erfolgreiche Menschen müssen immer mit der Rivalität von Neidern rechnen und haben daher auch immer mit Feinden zu kämpfen. Dies zeigt sich auch in den Diagrammen von ausgesprochenen »Glückspilzen«. Es hat keinen schlechten Beigeschmack, wenn Ihnen in ausreichender Zahl Sympathien entgegengebracht werden. Es bleibt immer unmöglich und auch nicht erstrebenswert, mit allen Personen eines größeren Kreises gut Freund zu sein. Stellen Sie fest, auf wessen Zuneigung Sie Wert legen und auch für Ihren weiteren Erfolgsweg Wert legen sollten.

★

Überprüfen Sie Ihre eigenen Verhaltensweisen. So ist beispielsweise die Gleichgültigkeit von Herrn Z. seinem Mitarbeiter gegenüber, eine Haltung ohne jede Zu- oder Abneigung, von Übel. Denn als Vorgesetzter sollte sich Herr Z. um seinen Mitarbeiter kümmern, ganz besonders, wenn er spürt, daß dieser Mitarbeiter ihm Loyalität entgegenbringt.

Wir haben in unserem Schaubild nur drei der Gruppen dargestellt, in denen Herr Z. festes Mitglied ist. In Wirklichkeit ist man aber meist in mehr als drei Gruppen verankert, was bedeutet, daß die unterschiedlichsten Erwartungen an Sie gestellt werden. Dabei können sich die Erwartungen aus zwei oder mehreren Gruppen ergänzen; viel leichter widersprechen sie sich jedoch. Wenn Sie zum Beispiel Mitglied im Gemeinderat sind und damit über sämtliche öffentlichen Bauvorhaben frühzeitig informiert sind, erweist sich diese Funktion als sehr nützlich für Sie, als Bauunternehmer oder Architekten. Viel öfter tritt jedoch der Fall ein, daß sich die verschiedenen Erwartungen nicht vereinbaren lassen und es dann zu einem sogenannten *Rollenkonflikt* kommt.

In dieser Situation kommen Sie nicht darum herum, zu überlegen, welche Rolle Ihnen wichtiger ist, und entsprechende Prioritäten zu setzen. Eine einfache Form von Rollenkonflikt sieht etwa so aus:

Arbeit im Büro, die dringend noch mit Hilfe von Überstunden erledigt werden sollte	↔	*Anspruch der Familie, in der Freizeit mit dem Vater/der Mutter etwas zu unternehmen*

Nicht zum Pechvogel werden

Kürzlich wurde ich gefragt, was man denn während einer Pechsträhne noch an Positivem im Leben erkennen könne. Sicherlich kann man auch einmal eine überproportionale Anhäufung von Rückschlägen auf einmal oder innerhalb kurzer Zeit erleben. Vielmehr aber beschränken sich die Betroffenen meistens in einer solchen Zeit darauf, alle bisher verbuchten Erfolge als unwichtig abzutun und nur die gerade erlittenen Niederlagen als bedeutend zu bewerten. Eine derartige Wertung ist jedoch grundlegend falsch; sie führt wieder zu der bereits genannten Selbstmitleidsformel »Das mußte natürlich wieder mir passieren«.

Wenn Sie ehrlich sind, plagten Sie sich auch schon mit solchen Gedanken herum. Aber was nutzt eine solche Denk- und Verhaltensweise? Nichts! Und wie schnell fährt man sich auf diesem Gleis fest:

Dazu ein Fallbeispiel:

> Ein Arbeitskollege hat sich mit seinen stolz erzählten »Pech-Geschichten«, bei denen immer nur ihm die unglaublichsten Dinge passieren, schon ein beachtliches Negativimage aufgebaut. Mittlerweile wird alles, was danebengeht, grundsätzlich ihm zugeschrieben, dem »professionellen Pechvogel«.

Passen Sie auf, daß Sie sich nicht durch entsprechende Erzählungen selbst einen schlechten Ruf andichten oder andichten lassen. Denn in den Augen Ihrer Mitmenschen werden Sie, selbst wenn Sie die Situation nur komisch finden, zum potentiellen Versager! Nur ein Versager kann das Unglück derart anziehen und ungewöhnlich viele »Pleiten« erleben…

- ► Sollten Sie bereits in einem solchen Fahrwasser sein, steuern Sie schleunigst dagegen! Erzählen Sie zu Hause und im Beruf Positives, und Sie werden nach kurzer Zeit positiv denken. Bitte verstehen Sie uns jetzt aber nicht falsch. Positives erzählen heißt noch lange nicht, zu prahlen oder in Angeberhaltung tolle Geschichten von sich zu erzählen. Die würde Ihnen nach kurzer Zeit sowieso niemand mehr glauben, und Sie hätten sich als Schwätzer abqualifiziert.

- ► Erwähnen Sie Rückschläge nicht. Versuchen Sie dafür, von guten Erlebnissen zu berichten. Überlegen Sie einmal bewußt bei einem Gespräch mit Freunden, welche Aussagen in Ihren Redebeiträgen enthalten sind. Wie viele negative und destruktive Elemente, von denen Sie sich bei Ihrem Erfolgstraining entfernen sollten, sind noch Bestandteile Ihrer Unterhaltung?

Bei einer derartigen Bestandsaufnahme werden Sie feststellen, wie weit Sie mit Ihrem Programm des positiven Denkens bisher gekommen sind.

MEMO

- Erwarten Sie für Ihre Leistung nie Dankbarkeit und Anerkennung. Richten Sie Ihr Verhalten so aus, daß Sie sich selbst damit identifizieren können und Zuwendungen anderer nicht benötigen.
- Werden Sie sich über Ihre Position in den verschiedenen sozialen Gruppen klar. Wie stehen Sie zu den anderen Gruppenmitgliedern? Wie stehen die anderen Gruppenmitglieder zueinander?
- Achten Sie auf Ihre Äußerungen, um zu vermeiden, als notorischer Pechvogel abgestempelt zu werden.
- Erzählen Sie in positiver Weise.

Wieso ärgern Sie sich?

Es ist oftmals vollkommen unberechtigt, wenn Mitarbeiter über die Qualität des preisgünstigen firmeninternen Mittagessens schimpfen. Sicherlich mag auch dem besten Koch einmal ein Essen mißlingen. Meistens aber dient die regelmäßige Kritik am Mittagessen nur als Vorwand, den angestauten Ärger loszuwerden. Was man sich nicht dem eigentlichen Verursacher des Ärgers zu sagen getraut (vielleicht ist man auch selbst der Verursacher des Ärgers, da man sich über sich selbst ärgert), läßt man in Form von Frustration am Kantinenkoch aus. Derartiges Verhalten ist für andere Kollegen wenig erfreulich, denen eigentlich das Essen schmeckt und denen die dauernde Nörgelei es nur verleidet. Dies trägt auch nicht zur eigenen positiven Motivation bei.

Denn ganz gleich wer oder was Sie stört, ob zu Recht oder zu Unrecht, Sie sind zu diesem Zeitpunkt mit Ärger beschäftigt und haben für Ihre eigentliche Arbeit keinen Sinn und auch keine Energie mehr. Versuchen Sie daher, sich vor Ärger zu schützen. Überlegen Sie sich, ob es sich überhaupt lohnt, sich zu ärgern.
Sie werden feststellen, daß Sie mit Ihrem Ärger niemandem außer sich selbst schaden.

- Eine Methode, aufkommenden Ärger schon im Keim zu erstikken, ist das lautlos zu sich selbst gesagte *»Ich bleibe ruhig und rege mich nicht auf«* oder das *Zählen von 1 bis 10*, bevor man antwortet.

Viele Arbeitskollegen lassen einen Mitarbeiter, der als »Dynamitbolzen« bekannt ist, weil er bei der kleinsten Kleinigkeit explodiert, gern mal »in die Luft gehen«. Zu sehen, wie der Betreffende vor Wut dunkelrot im Gesicht anläuft, bereitet ihnen eine hämische Freude. Und in der festen Absicht, eine solche Explosion zu provozieren, ist auch schnell ein Grund gefunden, der die erwartete Reaktion bei dem Betreffenden auslöst. An einem derart zweifelhaften Spaß mitzumachen, ist für viele eine gern geübte Abwechslung.

- Bevor Sie sich ärgern, überlegen Sie sich, ob es nicht eine ganze Fülle von Alternativreaktionen gibt, die Sie ohne giftiges Schäumen und wütendes Schnauben verläßlicher an Ihr Ziel bringen. Verhindert nicht sogar eine unkontrolliert ablaufende Reaktion das Erreichen eines Ziels, das Lösen eines auftretenden Problems?

Wir haben Mitarbeiter, die gewöhnlich heftig reagieren, gefragt, warum sie denn auf einfache Fragen oder leichte Vorwürfe nicht sachlich, sondern stark emotional antworten? Die meisten erwiderten: »Oftmals fühlt man sich durch eine Frage oder den Vorwurf derart in die Enge getrieben, daß man einfach ärgerlich wird.« Oder man hört eine Begründung, die sich auf den Status bezieht: »Was glaubt der eigentlich, wer ich hier bin?«

Die letzte Antwort zeigt, daß der Betroffene meint, sich Vorwürfe Dritter nicht gefallen lassen zu müssen oder sich ohne Imageverlust in der Firma gar nicht gefallen lassen zu dürfen. Dieses selbst dann nicht, wenn die Vorwürfe ganz und gar berechtigt sind. Hier kommt man allerdings sehr schnell in seichtes Gewässer. Es gilt herauszufinden, ob man vielleicht tatsächlich einen Fehler gemacht hat, also auch die Verantwortung für die Folgen tragen muß. Dann wäre eine heftige Reaktion gegen eine Zurechtweisung fehl am Platz.
Werden Ihnen dagegen unberechtigterweise Vorwürfe gemacht, gibt es eigentlich auch keinen Grund, mit einem Wutausbruch zu antworten. Vielmehr wäre hier eine sachliche Klärung der Lage erforderlich und auch erfolgversprechender.

Damit dies alles aber nicht graue Theorie bleibt, folgen jetzt Übungen eines Frustrationstests, bei dem Sie festlegen sollen, wie Sie in der geschilderten Situation reagieren würden.

SITUATION I:

Ein Auto fährt an Ihnen vorbei durch eine Pfütze. Das Wasser spritzt hoch. Sie werden naß und schmutzig. Der Fahrer hält an und sagt: *»Es tut mir wirklich leid, daß ich Ihre Kleidung verschmutzt habe. Ich werde selbstverständlich für den Schaden aufkommen.«*

Was antworten Sie dem Fahrer?

a) Sie rücksichtsloser Kerl, so etwas ist mir ja noch nie vorgekommen!

b) Jetzt ist meine beste Kleidung vollkommen versaut!

c) Ich werde Ihnen die Rechnung über die Reinigung der Hose zusenden.

d) Das ist alles mein Fehler. Ich habe Sie ja kommen sehen und hätte leicht auf dem Gehweg etwas zurückweichen können.

Vielleicht hätten Sie andere Worte in der oben dargestellten Situation verwendet. Aber eine der in den vier Antwortmöglichkeiten dargestellten Richtungen hätten Sie ganz bestimmt eingeschlagen. Legen Sie sich auf die Richtung fest, und kreuzen Sie die entsprechende Antwortmöglichkeit an. Bevor Sie die Lösungen auf Seite 50ff. ansehen, beurteilen Sie bitte noch die folgenden Situationen:

SITUATION II:

Sie stehen mit Ihrem Mann/Ihrer Frau vor dem Fahrzeug. Sie können jedoch die Autoschlüssel nicht finden und sagen Ihrem Mann/Ihrer Frau, daß sie diese wahrscheinlich verloren hätten. Daraufhin macht er/sie Ihnen große Vorwürfe:
»Du mit Deiner ewigen Unachtsamkeit! Wie sollen wir jetzt weiterkommen – ohne Autoschlüssel, hm?!«

Was antworten Sie Ihrem Mann/Ihrer Frau?

a) Da kann ich auch nichts dafür!
b) Es tut mir leid, es ist mein Fehler.
c) Es wird sich schon eine Lösung finden lassen, Streiten nützt jetzt keinem etwas.
d) Schuld bist doch eigentlich Du, denn durch Deine Trödelei bin ich ganz nervös geworden!

(Lösung, siehe Seite 51)

SITUATION III:

Sie sitzen mit Ihrem Freund/Ihrer Freundin im Kino. Sie können jedoch die Leinwand nicht sehen, da eine vor Ihnen sitzende Frau mit großem Hut die Sicht versperrt. Dies bemerkt Ihr Freund/Ihre Freundin und sagt zu Ihnen:
»Du siehst doch überhaupt nichts!«

Was antworten Sie Ihrem Freund/Ihrer Freundin?

a) Was glaubt die Frau vor mir eigentlich, wer sie ist! Eine Unverschämtheit, mit so einem Hut ins Kino zu gehen!
b) Bleib Du hier, ich suche mir woanders einen Platz, von dem aus ich besser sehen kann.
c) Wenn Du etwas rutschen würdest, könnte ich auch etwas vom Film mitbekommen.
d) Ich bitte die Frau, den Hut abzunehmen.
(Lösung, siehe Seite 52)

SITUATION IV:

Sie werden wegen überhöhter Geschwindigkeit von einem Polizisten gestoppt. Der Polizist sagt: *»Sie sind 30 Stundenkilometer schneller gefahren als erlaubt!«*

Was antworten Sie dem Polizisten?

a) Ist denn etwas passiert?

b) Dauernd passieren Überfälle und Morde; und Sie haben nichts Besseres zu tun, als hier die Geschwindigkeit zu kontrollieren.

c) Das kann gar nicht sein, mein Tacho hat genau 50 Stundenkilometer angezeigt. Ihr Radargerät mißt ungenau!

d) Tut mir furchtbar leid. Es war nicht meine Absicht, die Geschwindigkeitsbegrenzung zu übertreten.

(Lösung, siehe Seite 53)

SITUATION V:

Sie sitzen mit Freunden beim Kartenspiel. Nach verlorenem Spiel sagt Ihr(e) Spielpartner(in): »*Wegen Deiner unverzeihlichen Fehler haben wir jetzt verloren.*«

Was antworten Sie?

a) Das macht doch nichts. Es heißt doch: Pech im Spiel, Glück in der Liebe.

b) Der Vorwurf ist ungerechtfertigt. Hättest Du vorher das Kreuz-As statt der Pik-Sieben genommen, hätten wir den Stich gemacht.

c) Ich sage es ja immer: Man soll nicht mit Anfängern spielen, die hinterher alles besser wissen wollen.

d) Du benimmst Dich wie ein Kind, Du kannst einfach nicht verlieren.

(Lösung, siehe Seite 53)

SITUATION VI:

Sie sind in einen Laden gegangen, um einen ganz bestimmten Artikel zu kaufen. Der Verkäufer erklärt Ihnen jedoch, daß dieser Artikel nicht vorrätig sei.

Was antworten Sie?

a) Wissen Sie, wann Sie die Ware wieder bekommen werden?
b) Das ist mir jetzt schon zum zweitenmal bei Ihnen passiert, daß Sie das nicht vorrätig haben.
c) So ein Saftladen, das ist doch kein Service!
d) Immer wenn ich etwas wirklich dringend brauche, ist es ausverkauft. Das passiert überhaupt nur mir.

(Lösung, siehe Seite 54)

SITUATION VII:

Sie fahren in eine Parklücke ein, übersehen jedoch dabei, daß ein Autofahrer vor Ihnen rückwärts in die Parklücke fahren wollte. Der andere Autofahrer ist erbost! *»Was glauben Sie eigentlich? Ich war zuerst hier!«*

Was antworten Sie dem Autofahrer?

a) Ich habe Sie nicht gesehen. Tut mir sehr leid!

b) Das ist mir aber sehr peinlich! Ich werde meinen Wagen selbstverständlich sofort wegstellen.

c) Na und? Ich war eben schneller!

d) Das ist mir egal. Sobald ich hier fertig bin, können Sie meinen Platz haben.

(Lösung, siehe Seite 54)

★

Beim Hineinversetzen in die sieben Situationen werden Sie wahrscheinlich nach längerem Nachdenken zu anderen Ergebnissen kommen als nach rascher Überlegung. Tests haben ergeben, daß bei einer ganz kurz bemessenen Beantwortungszeit die Art der Antwort eher der Reaktion im Alltag entspricht. Das heißt, Sie reagieren emotional, wenn Sie nicht lange überlegen. Das bedeutet auch, daß Ihre Antwort um so patziger ausfällt, je weniger Sie bedenken konnten, ob sich der ganze Krach überhaupt lohnt und ob Sie durch eine unwirsche Reaktion die ganze Situation nur noch verschlimmern.

Wir möchten Sie keineswegs dazu anhalten, eine sogenannte »Kuschhaltung« einzuüben, so daß Sie automatisch schon bei jeder eventuellen Auseinandersetzung einen Rückzieher machen. Wir empfehlen Ihnen allerdings, soweit dies irgend geht, sachlich und distanziert zu bleiben, auch wenn der Gegner bereits unsachlich wird und tobt. Denn wer sachlich und freundlich bleibt, hat immer die besseren Argumente auf seiner Seite.

► *Wer lächelt statt loszubrüllen, ist immer der Stärkere* (japanische Weisheit).

LÖSUNG ZU SITUATION I:

Fast jeder ist schon einmal in eine derartige Situation gekommen. Ganz schlimm wirkt sie sich aus, wenn man noch eine Besprechung vor sich hat und der Anzug völlig verdorben ist. Meistens ist so schnell kein neuer zu organisieren. Über derlei Verkehrsrowdies haben Sie sich vermutlich schon ein paarmal geärgert. Allerdings macht es unsere Situation nicht ganz alltäglich, daß der Verursacher erkannt hat, was er angerichtet hat. Er stellt sich Ihnen. Die meisten Missetäter haben diesen Mut nicht und fahren weiter, weil es für sie die einfachere »Lösung« des Problems verspricht. Unser Autofahrer jedoch erkennt seine Verantwortung und bietet Ihnen an, die Erstattung des Schadens zu übernehmen. Diese freundliche Absicht muß sich natürlich auch auf Ihre Antwort auswirken. Wenn Sie sein Angebot zur Wiedergutmachung des Schadens annehmen, bleiben Sie sachlich und freundlich, denn sonst reagierten Sie unverhältnismäßig.

Antworten könnten sein:

- *»Es ist nett, daß Sie anhalten. Wenn Sie mir Ihre Adresse geben, schicke ich Ihnen die Reinigungsrechnung zu.«*
- *»Ich bin zwar klitschnaß, aber ich werde die Flecken schon wieder herausbekommen.«*

Reaktion c) wäre auch eine Lösung. Eine Reaktion, die sich auf die Beschimpfung des Autofahrers beschränkt, ist in einer solchen Lage genauso wenig hilfreich, wie das reine Klagelied über das nun einmal geschehene Unglück (b). Lösung d) klingt ebenfalls völlig übertrieben. Aus Selbstschutzgründen wäre es zwar wirklich besser gewesen, etwas von der Fahrbahn zurückzutreten, als Sie das Auto kommen hörten, aber das entbindet natürlich den Autofahrer nicht von seiner Verpflichtung, Schadensersatz zu leisten. Selbstvorwürfe tragen auch nichts zur Lösung Ihres eigenen Problems bei.

LÖSUNG ZU SITUATION II:

Sie stehen zusammen mit Ihrem Mann/Ihrer Frau vor dem Problem, nicht in das verschlossene Auto einsteigen zu können, weil Sie wahrscheinlich den Schlüssel verloren haben. Dieses Problem gilt es zu lösen; und der aggressive, vorwurfsvolle Ton des Partners ist dabei bestimmt nicht sehr hilfreich. In derartigen Situationen muß man aufpassen, daß die bereits gereizten Nerven nicht vollends mit einem durchgehen. Denn keiner ist frei von Fehlern, und jeder vergißt von Zeit zu Zeit mal etwas. Kommt dies bei einem Menschen häufiger vor, ist der erregte Tonfall des Partners durchaus zu verstehen. Dann aber achte man ganz besonders darauf, sachlich zu bleiben, damit hier nicht aus einer Lappalie ein Drama wird.

Es würde nichts nützen, den Vorwurf zurückzugeben. Eine sachliche Antwort und klares Überlegen bringen einen weiter. Wo könnte der Autoschlüssel noch sein? Wann und wo habe ich ihn zuletzt gesehen? Helfen Erinnerungen auch nicht weiter, sollte man gemeinsam überlegen, wie man die nächste Werkstatt erreicht, oder ob und wo man zu Hause einen Ersatzschlüssel aufbewahrt.

Bei Notstands-Überlegungen, die man ja glücklicherweise nicht jeden Tag anstellen muß, kommen zwei klar denkende Köpfe immer auf bessere Ideen als einer. Dies setzt voraus, daß man sich nicht schon mit gegenseitigen Vorwürfen überhäuft hat, und eine Kommunikation noch stattfinden kann. Reaktion c) oder Antworten, die in diese Richtung gehen, bereiten die Grundlage dafür.

LÖSUNG ZU SITUATION III:

Diese Situation birgt zwei Problemkreise in sich. Zum einen sehen Sie vom Film wenig, da der Hut Ihnen die freie Sicht zur Leinwand versperrt. Andererseits haben Sie sich selbst noch gar nicht zu diesem Umstand geäußert, sondern Sie werden von Ihrem Partner auf das Problem angesprochen. Reagieren Sie jetzt heftig, wie beispielsweise bei Reaktion a) werden Sie unglaubwürdig. Sie selbst hatten ja bisher keinerlei Mißmut an den Tag gelegt. Erst vom Partner daraufhin angesprochen, möchten Sie nun nicht wie jemand dastehen, der sich alles gefallen läßt, und Sie lassen sich zu einer unverhältnismäßigen Reaktion herausfordern. Ganz besonders stark stehen Sie unter Druck, wenn Sie Ihre Begleitung noch nicht lange kennen und fürchten, als »Schwächling« dazustehen, wenn Sie jetzt nicht reagieren. Andererseits besteht die Chance, Ihrer Begleitung zu zeigen, wie großartig Sie eine solche Situation meistern.
Angriffe gegen die Hutträgerin versprechen am wenigsten Erfolg, da die vor Ihnen sitzende Frau möglicherweise gar nicht weiß, daß sie Ihnen das Blickfeld versperrt. Auf eine plötzliche und aggressive Anrede würde sie vermutlich entsprechend reagieren. Auch die Aggression gegen den Partner zu lenken, wie in Antwortmöglichkeit c) ist falsch. Sie wollen doch wohl kein schlechtes Gewissen wecken, daß man sich nicht früher um Sie gekümmert hat: *»Wenn Du etwas rutschen würdest, könnte ich auch die ganze Leinwand sehen.«*
Und wer würde schon freiwillig sagen: *»Bleib Du hier, ich suche mir woanders einen Platz, wo ich mehr sehen kann.«* Sie gehen in diesem Fall einem Konflikt zwar gänzlich aus dem Weg, aber dieses »Kneifen« wäre auch für jeden sofort ein erkennbares Zeichen von Schwäche. Außerdem werden Sie auf die Nähe Ihres Kinopartners kaum verzichten wollen.
Auch bei dieser Situation zahlt sich eine sachliche Vorgehensweise aus. Je nachdem, wie sich die Frau auf eine sachliche, freundliche Bemerkung hin (Antwortmöglichkeit d) verhält, kann man dann ja immer noch schärfer werden.

LÖSUNG ZU SITUATION IV:

Hier müssen Sie davon ausgehen, daß Sie aufgrund der Geschwindigkeitsübertretung zur Kasse gebeten werden. Sich einsichtig zu zeigen, bietet zwar noch die beste Chance, ungeschoren davonzukommen; aber meistens können Sie auch damit nichts mehr retten. Gehen Sie jedoch in die Offensive, haben Sie alle Aussichten, die Situation noch zu verschlimmern. Die Beleidigungsurteile bei dem Ausdruck »Wegelagerer« sind ja allgemein bekannt.

Sie müssen davon ausgehen, so wenig Sie dies trösten mag, daß der Polizist eingeteilt wurde, von einer bestimmten Uhrzeit an eine Geschwindigkeitskontrolle an einer bestimmten Stelle durchzuführen. Er hegt dabei keine persönlichen Gefühle und hinterhältigen Absichten, er erfüllt nur seine dienstliche Aufgabe. Aggressives Verhalten wäre hier ausgesprochen verhängnisvoll. Eine wenig sagende Entschuldigung wird Ihnen zwar nicht viel Kredit eintragen, aber sie verhindert, daß Sie aufbrausen und die Geschichte noch verschlimmern. Antwortmöglichkeit d) verrät den besonnenen Zeitgenossen.

LÖSUNG ZU SITUATION V:

Hier ist eine sachliche Diskussion wenig hilfreich. Zwar kann man wie in Lösungsvorschlag b) angedeutet, jetzt darüber debattieren, ob man in der entsprechenden Situation besser das Kreuz-As statt der Pik-Sieben genommen hätte. Aber insgesamt ist es doch der Zweck eines Spiels, zu unterhalten. Es sei denn, Sie trainierten auf ein Turnier hin oder spielten professionell.

Die geschilderte Situation läßt eher davon ausgehen, daß Sie mit einem befreundeten Ehepaar nur zum Spaß spielen; dann sollte ein Spiel in Harmonie verlaufen, wie stark auch immer Sie sich engagieren und gewinnen wollen. Schon so mancher Spieleabend hat eine Freundschaft ins Wanken gebracht, weil jemand zu deutlich zeigte, daß er nicht verlieren kann. Dies bringt auch die anderen Mitspieler in eine unangenehme Situation.

Eine nicht ernst gemeinte Bemerkung, wie bei Reaktion a), hilft, die Situation zu entkrampfen, und macht deutlich, daß es hier doch um nichts Weltbewegendes geht. Man erinnert den anderen daran, daß eigentlich zum Spaß gespielt werden sollte.

Antwortmöglichkeit d) ist zwar ehrlich, wirkt aber beleidigend, besonders vor Dritten, und wird daher die Situation auch nicht bereinigen. Auch die Gegenaggression, der Gegenvorwurf erhöhen die Spannung.

LÖSUNG ZU SITUATION VI:

Hier steht eine alltägliche Erfahrung im Mittelpunkt, die jeder schon gelegentlich gemacht hat. Genauso sollte sie auch gemeistert werden. Es ist unpassend, dem Verkäufer eine Szene zu machen (Reaktionen b) oder c)) oder sich in Selbstmitleid zu baden *(»Das passiert natürlich wieder mir«)*. Dies ähnelte bereits unserem Pechvogelsyndrom.

Antworten wie

- *»Können Sie die Ware für mich bestellen?«*

und

- *»Wann ist der Artikel wieder vorrätig?«* wie in Alternative a)

bieten sich in dieser Lage an.
Unter Umständen muß man noch einen anderen Laden aufsuchen.

LÖSUNG ZU SITUATION VII:

Diese Situation ist etwas schwieriger, weil sie mit einem höheren Aggressionsgrad ausgetragen wird.
Sie haben den anderen wartenden Autofahrer übersehen. Wir unterstellen jetzt einmal, daß Sie dies nicht absichtlich getan haben, sondern weil Sie abgelenkt waren oder weil der andere zu weit von der freien Parklücke entfernt stand.
Haben Sie derartige Szenen als Unbeteiligter schon beobachtet? Wie verhielten sich die Beteiligten? Es hing sicherlich auch davon ab, in welcher Alterskategorie die Personen angesiedelt waren. Wir haben einmal zwei »Halbstarke« so um die 20 Jahre erlebt, die hätten vor Wut über die »Schmach«, daß ihnen ein »Opa« Anfang 50 gekonnt den Parkplatz weggenommen hat, den armen Mann fast aus dem Auto gezogen. Hier ging es den Jugendlichen nicht um den Parkplatz, sondern rein um das Prestige. Stellen Sie sich vor, die Szene wäre von einem Freund beobachtet worden. Genau vor der Blamage, daß ein mit Rallyestreifen und Breitreifen versehenes »Geschoß« beim Rückwärtseinparken ausgetrickst wird, hatten die beiden Angst. Dies wirkte sich wiederum in Aggression dem geschickteren Autolenker gegenüber aus.
Ganz anders verhält sich ein selbstbewußter Fahrer, der die Antwort a) wählt. Denn hier bleibt offen, ob er nach der Entschuldigung, die ja den benachteiligten Fahrer beruhigen und ihm den Wind aus den Segeln nehmen soll, sein Auto entgegenkommenderweise wegfährt, oder ob er sein Fahrzeug auf dem Parkplatz stehen läßt.
Bei den Antworten c) und d) nehmen Sie in Kauf, den durch den schnellen Parkplatzfund gewonnenen Zeitvorteil wieder zu verspie-

len. Sie werden bei der Erwiderung der Aggression in ein längeres Wortgefecht verwickelt werden. Gehen Sie Auseinandersetzungen durch schnelles Entfernen vom Ort des Geschehens aus dem Weg, so laufen Sie Gefahr, daß Ihr Fahrzeug durch einen Choleriker aus Ärger über die erlittene Ungerechtigkeit mutwillig beschädigt wird. Besser zeigt man sich auf jeden Fall einsichtig und entschuldigt sich mit der Antwortalternative a). Damit lassen Sie einen Teil der Aggressionen des anderen ins Leere laufen.

Alltagsärger

Wann haben Sie sich das letzte Mal so richtig geärgert? Möglicherweise ist es gar nicht so lange her, vielleicht, weil Sie sich bei unserem Frustrationstest andere Lösungen vorgestellt hatten und sich jetzt über unsere Antworten ärgern? Oder war es ein ganz »normaler« Alltagsärger mit dem Partner? Vielleicht wurden Sie auch im Büro unfair behandelt, oder die Nachbarin hat sich über eine angeblich nicht sauber geputzte Treppe beschwert?
Die meisten Menschen verbrachten schon einmal eine Zeit im Krankenhaus oder lagen schwerkrank zu Hause im Bett. Können Sie sich noch mit lang Zurückliegendem identifizieren? Vielleicht wissen Sie noch, daß es Ihnen seinerzeit nicht gut ging. Aber es fällt Ihnen schwer, sich zurückzuversetzen. Alles in der Welt hätten Sie gegeben, nur um die Schmerzen loszuwerden. Gesundheit schien Ihnen das höchste Gut, damals. Und heute? ... Der Mensch ist großartig im Verdrängen und Vergessen.
Hatten Sie aber erst in letzter Zeit eine Operation beziehungsweise einen Krankenhausaufenthalt, gelingt es Ihnen vielleicht, sich konkret an ihre damalige Stimmung zu erinnern. Kamen Ihnen seinerzeit die Alltagssorgen und -probleme, die kleinen Ärgernisse, nicht absolut nebensächlich vor? In solch schweren Zeiten haben Sie gar nicht die Ausdauer, sich über Kleinigkeiten aufzuregen, so wie Sie es tun, wenn Sie keinen körperlichen Beschwerden ausgesetzt sind. Alltagsprobleme bauen sich nämlich immer nur dann als große Probleme auf, wenn Sie nicht mit weitaus größeren Schwierigkeiten konfrontiert werden. Ob Sie den Alltagskram für so wichtig nehmen, daß Sie ernsthaft darüber in Rage geraten und somit viel Energie in den Ärger stecken, hängt immer nur davon ab, ob irgendwo nicht noch größeres Unheil droht. Denn spätestens dann kommen Sie zu der Erkenntnis, daß Sie Ihre Kräfte sinnvoller einsetzen könnten.
Glauben Sie, daß ein Schwerkranker Energie dafür aufwenden würde, sich über Lappalien wie ungeputzte Treppen aufzuregen?

Wir meinen nein, denn dieser Mensch möchte sein Leben nun voll auskosten. Er möchte den Rest seines Lebens nicht in Verdrußstimmung, sondern vielmehr positiv erleben.

▶ Überlegen Sie sich jetzt, ob Ihr letzter Ärger es wert war, es sogar noch in einer Krisensituation wert wäre, Energie zu verbrauchen?

Es gibt wirklich kaum Anlässe, bei denen Sie die Frage ernsthaft und glaubhaft bejahen dürften. Vielmehr werden Sie sich möglicherweise zu entschuldigen suchen: »Mein Leben als solches ist ja im Augenblick gar nicht bedroht.« Und außerdem ist es auch gar nicht so einfach, bei Provokationen jeder Art bewußt ruhig zu bleiben und sich zu fragen, ob sich ein Wutausbruch lohnt?
Sicher haben Sie mit Ihrem Einwand zum Teil recht. Aber Ihre Reaktion ist nur verständlich, solange Sie sich nicht bewußt sind, daß Sie sich mit dem Ärgern zuallererst selbst schaden. Sie verderben sich einen Teil Ihres sowieso ziemlich kurzen Lebens.
Wir plädieren hier keinesfalls für Gleichgültigkeit.

▶ Wenn Sie etwas als ungerecht oder unverschämt empfinden, sollten Sie durchaus nicht darüber hinwegsehen, um sich nur ja nicht aufzuregen. Versuchen Sie vielmehr Ihre freigesetzten Energien jetzt nicht in ungezügelter Wut verpuffen zu lassen. Setzen Sie Ihre Energie bewußt ein, um das Ärgernis wegzuräumen und etwas zur Lösung des Problems beizutragen.

Wenn Sie sich zum Beispiel darüber aufregen, daß Ihr Vordermann an der Tankstelle eben seinen vollen Aschenbecher auf die Straße entleerte, so sollte es Ihnen nicht reichen, empört vor sich hin zu schimpfen. Bringen Sie vielmehr die Zivilcourage auf, den Betreffenden anzusprechen und darauf hinzuweisen, daß Sie die Sache beobachtet haben und eventuell dem Tankstellenpächter Ihre Beobachtung mitteilen würden. Fordern Sie den Schmutzfink ruhig auf, den Dreck auf der Stelle wegzuräumen.

Nicht nur bei Konfrontationsmöglichkeiten wie bei den Übungen zum Frustrationstest müssen Sie richtig reagieren. Auch in den kleinen täglichen Konfliktsituationen im Büro oder in der Familie heißt richtiges Reagieren immer auch angemessenes Reagieren. Gefragt sind nicht Krisenmanager für ganz verfahrene Lagen, sondern Vorgesetzte und Mitarbeiter, die mit den Schwierigkeiten und Reibereien umgehen können. Dabei gilt, daß Sie als Vorgesetzter oder als Anwärter auf eine Vorgesetztenposition dieses Instrumentarium der Schlichtung in noch stärkerem Maße beherrschen müssen.

- Sie müssen Ihre Reaktion ausschließlich auf die Situation, mit der Sie soeben konfrontiert sind, abstimmen. Sie dürfen sich nicht von Emotionen leiten lassen. Sonst kommt es leicht zu Reaktionen, die völlig über das Ziel hinausschießen und die Sie nur weiterer Kritik aussetzen.

Gleiches haben Sie schon oft erlebt, wenn Ihr Chef überzogen reagierte und dies von den Mitarbeitern dann mit den Worten *»Der ist wohl heute mit dem falschen Bein aufgestanden«* kommentiert wurde.
Zweifellos ist es schwierig, nach einer absolut unbefriedigend verlaufenen Sitzung den ganzen Ärger vom Tisch zu wischen, um sich bei der darauffolgenden Besprechung unvoreingenommen und lächelnd den nächsten Tagesordnungspunkten zuzuwenden. Aber nur wenn Sie diese Selbstdisziplin eisern versuchen, haben Sie Chancen, bei der zweiten Besprechung mehr zu erreichen. Wenn Sie die Beteiligten von vornherein Ihre schlechte Laune spüren lassen, wird nie eine Vertrauensbasis entstehen können, und gerade diese wäre wichtig für Ihren Erfolg. Wer läßt sich schon von mürrischen und schlecht gelaunten Gesprächspartnern überzeugen?

It's Test Time

Wir stellen Ihnen zwei Situationen aus dem Bürobereich vor, zu denen Sie sich äußern sollen. Wie beim Frustrationstest (siehe Seite 45ff.) ist es auch hier wahrscheinlich, daß Sie nicht genau im Wortlaut der vier vorgegebenen Antwortalternativen reagieren werden.

Nehmen Sie dann die Antwortmöglichkeit, die Ihrem individuellen Verhalten am nächsten kommt. Überlegen Sie bei der Beantwortung eine Weile; oft unterscheidet sich eine spontane Handlungsweise von einer überlegten. Bleiben Sie aber sich selbst gegenüber ehrlich. (Lösungen, siehe Seite 59f.)

SITUATION I:

Sie telefonieren privat während der Arbeitszeit mit einem Freund und unterhalten sich über die Sportergebnisse vom Wochenende. Plötzlich kommt der Chef zur Tür herein. Wie retten Sie die Situation am besten?

Reaktionsmöglichkeiten:

a) Sie tun so, als ob Sie Ihren Chef gar nicht wahrgenommen hätten, und telefonieren weiter.

b) Sie versuchen, den Chef in das Telefongespräch einzubeziehen, indem Sie zu ihm sagen: »Herr X gibt mir gerade die Umsätze des letzten Monats durch. Das wird Sie sicher interessieren.«

c) Sie beenden das Telefongespräch und beginnen wieder mit der Arbeit.

d) Sie entschuldigen sich bei Ihrem Chef: »Zu Hause komme ich kaum zum Telefonieren, da blockieren immer die Kinder die Leitung.«

SITUATION II:

Sie sind Sachbearbeiter der Exportabteilung Nordamerika, arbeiten jedoch zusätzlich noch für den Abteilungsleiter der Verkaufsabteilung Europa, wenn dort dringende Arbeiten anfallen. Momentan arbeiten Sie für Ihren Chef die Verkaufszahlen Nordamerika des vergangenen Monats aus. Ihr Chef hatte Ihnen diese Aufgabe gestellt mit der Bemerkung, er brauche die Zahlen zuverlässig für die Abteilungsleiterbesprechung am nächsten Tag. Plötzlich stürmt Herr Maier, Abteilungsleiter der Verkaufsabteilung Europa, an Ihren Schreibtisch und bittet Sie, alles liegen zu lassen und in einer Übersicht alle Verkaufsstandorte in Europa zusammenzustellen, da dies der Vorgesetzte von Herrn Maier schnellstmöglich benötige.

Wie verhalten Sie sich?

a) Ich stelle die Arbeiten an den Verkaufszahlen Nordamerika ein; schließlich ist die Zusammenstellung der Verkaufsstandorte wichtiger, da sie von einer höheren Instanz (Chef des Abteilungsleiters Verkauf Europa) benötigt werden.

b) Ich teile Herrn Maier mit, daß ich momentan an den Verkaufszahlen Nordamerika für den Abteilungsleiter Export Nordamerika arbeite, und daß diese Zusammenstellung wichtig sei. Ich könne erst danach mit seinem Auftrag anfangen.

c) Ich nehme die Arbeit von Herrn Meier zu den noch zu erledigenden Unterlagen und vollende erst einmal die angefangene Arbeit für den Verkauf Nordamerika.

d) Ich erkläre Herrn Maier, mit was ich gerade beschäftigt bin, und bitte ihn, sich mit dem Abteilungsleiter Export Nordamerika in Verbindung zu setzen, um zu klären, welche Aufgabe jetzt Vorrang hätte.

LÖSUNG ZU SITUATION I:

Um die Situation nicht weiter zu verschärfen, sollten Sie versuchen, die peinliche Angelegenheit möglichst schnell und ohne großes Aufsehen zu beenden. Es hat keinen Sinn, sich auf eine Diskussion einzulassen, da Sie im Unrecht sind.

Notlügen wie Antwort b) sind leider leicht zu durchschauen und bringen Sie unter Umständen in größere Kalamitäten. Ihr Chef könnte Details wissen oder selbst mit Herrn X. sprechen wollen. Erkennt Ihr Chef, daß Sie ihn offen angelogen haben, wird der Fall für Sie brenzlig.

Nicht zu reagieren, wie Antwort a) es vorschlägt, bedeutete, den Chef nicht ernst zu nehmen und eine offene Konfrontation zu riskieren.

Wir empfehlen Ihnen die unter c) beschriebene Verhaltensweise, da sie den geringsten Zündstoff enthält. Durch den Abschiedsgruß »Vielen Dank für den Anruf« können Sie zusätzlich noch andeuten, daß das private Telefonat nicht von Ihnen ausging, sondern daß Sie angerufen wurden.

LÖSUNG ZU SITUATION II:

Da die Entscheidung, welcher Aufgabe Priorität zukommt, nicht bei Ihnen liegt, sollten Sie es vermeiden, als Leidtragender aus einer solchen Situation hervorzugehen. Da Ihr direkter Vorgesetzter der Leiter der Exportabteilung ist, sind seine Anweisungen für Sie bindend. Von daher muß die Abstimmung zwischen den beiden Abteilungsleitern erfolgen. Deshalb ist Antwort d) für Sie am vorteilhaftesten.

Zwischenmenschliche Probleme

Der Konstrukteur der größten Nordseebohrinsel berichtete nach der Fertigstellung des Riesenbauwerks, die größten Schwierigkeiten seien nicht im technischen, sondern im menschlichen Bereich zu überwinden gewesen. In diesem Bereich liegen auch immer die Hauptprobleme, die Sie bei einem Stellenwechsel an Ihrem neuen Arbeitsplatz antreffen werden.

Sie stoßen auf ein eingespieltes Team, das sich schon jahrelang kennt. Ein jeder weiß ganz genau um die Stärken und Schwächen des anderen. Und jetzt gesellen Sie sich zu dieser Gruppe, ein Fremdkörper, von dem bisher noch keiner etwas Genaues weiß. Sie werden verstehen, daß man Sie zuerst mit etwas Mißtrauen betrachten und Distanz zu Ihnen wahren wird.

Wesentlich stärker ist die Distanz der Mitarbeiter in einer solchen Situation noch zu spüren, wenn Sie als Vorgesetzter in eine eingespielte Gruppe kommen. Erst nach einiger Zeit werden Sie die Anerkennung und möglicherweise das Vertrauen der Mitarbeiter für sich gewinnen. Wichtig sind fachliche Kenntnisse auf dem jeweiligen Gebiet (etwas, was Sie sich sicher angeeignet haben), Ausgeglichenheit und Beständigkeit. Am besten kann man sich auf eine derartige Situation vorbereiten, wenn man an eigene Erlebnisse denkt. Auch Sie werden, sei es in einem früheren Betrieb oder auch in der Schule, schon als akzeptiertes Mitglied etabliert gewesen sein, als ein »Neuer« die Anlaufschwierigkeiten durchmachte, die Sie jetzt zu meistern haben. Was haben Sie damals gedacht, zu den Kollegen gesagt?

► Taktische Klugheit gebietet es, nicht durch forsches Auftreten gleich in alle Fettnäpfchen zu treten, sondern sich erst langsam in der neuen Umgebung zu orientieren und die sozialen Strukturen zu erkennen.

Versuchen Sie nun, in den drei folgenden Situationen sich für die Ihrer Meinung nach richtige Verhaltensweise zu entscheiden.

FALL I:

Sie haben als Sachbearbeiterin in einer neuen Abteilung begonnen. Der Abteilungsleiter kommt auf Sie zu und fragt, ob Sie ihm nicht einen Kaffee zubereiten könnten. Die Sekretärin, die das normalerweise mache, sei momentan nicht da.

Wie verhalten Sie sich?

a) Sie teilen Ihrem Chef mit, daß Sie nicht seine private Kaffeeköchin seien, er solle sich da gefälligst selbst behelfen.

b) Sie erklären sich bereit, den Kaffee zu kochen, aber nur, solange die Sekretärin abwesend sei.

c) Sie sagen, daß Sie nicht besonders zum Kaffeekochen taugten und er sich in seinem eigenen Interesse doch besser auf die Erfahrung der Sekretärin verlassen solle.

d) Sie freuen sich, daß Sie Ihrem Chef auf diese Weise einen Gefallen erweisen können und die Chance haben, ihn so für sich zu gewinnen.

FALL II:

Sie sind in einer Ihnen bisher unbekannten Abteilung zum Gruppenleiter ernannt worden. Bald stellen Sie fest, daß ein Mitarbeiter völlig demotiviert ist und auch das Arbeitsklima bei den anderen Mitarbeitern durch seine konstanten Mißmutsäußerungen verschlechtert.

Wie verhalten Sie sich?

a) Sie warten darauf, daß der betreffende Mitarbeiter sich mit Ihnen anlegt. Bislang hatten Sie selbst mit ihm noch keine Auseinandersetzung, und ein Eingreifen könnte nur als Einmischung verstanden werden.

b) Sie sprechen mit den anderen Mitarbeitern der Gruppe, versuchen herauszufinden, wie die soziale Stellung des demotivierten Mitarbeiters innerhalb der Gruppe aussieht, und bemühen sich zu erfahren, warum der Querulant sich so verhält.

c) Sie sprechen den betreffenden Mitarbeiter direkt an und fragen ihn nach den Gründen seiner Unlust.

d) Sie sprechen mit Ihrem Vorgesetzten, dem Abteilungsleiter, da dieser die Mitarbeiter schon länger kennt, und fragen ihn nach möglichen Ursachen.

FALL III:

Sie sind seit kurzer Zeit neu in ein Unternehmen eingetreten. Ihr Gruppenleiter, der kaum älter ist als Sie, hat Sie beauftragt, eine Stellungnahme zu einem Design-Entwurf für ein neues Produkt abzugeben. Nach Durchsicht Ihrer Stellungnahme erklärt Ihnen der Gruppenleiter: »Diese Ausarbeitung ist an sich nicht schlecht. Sie haben sich jedoch leider nicht an die in unserem Hause übliche Form gehalten. Daher brauche ich noch einmal eine überarbeitete Fassung.«

Wie verhalten Sie sich?

a) Der Gruppenleiter möchte mit seinem Verhalten nur verhindern, daß ich mich nach kurzer Zeit profilieren kann. Daher lehne ich die Überarbeitung ab.

b) Da ich erst neu in dem Unternehmen bin, werde ich irgendeine Überarbeitung vornehmen, obwohl mir nicht klar ist, an welche »übliche Form« ich mich nicht gehalten habe.

c) Ich frage den Gruppenleiter nach der üblichen Form, um festzustellen, wie in seinen Augen eine Überarbeitung aussehen sollte.

d) Ich wende mich an den Abteilungsleiter, da der Gruppenleiter wahrscheinlich aufgrund von Neidgefühlen meine Arbeit nicht objektiv einschätzt.

LÖSUNG ZU FALL I:

In diese unangenehme Situation kommen leider vornehmlich weibliche Mitarbeiter, da sich das alte Rollenklischee noch in vielen Bereichen eisern hält.
Haben Sie erst einmal die Rolle der Kaffeeköchin übernommen, werden Sie vermutlich keine Gelegenheit mehr finden, sie wieder loszuwerden.
Wir empfehlen deshalb Antwort c), die der Angelegenheit überdies etwas den ernsten Charakter nimmt.

LÖSUNG ZU FALL II:

Ein schlechtes Arbeitsklima innerhalb der Gruppe, für die Sie zuständig und verantwortlich sind, ist ein Zustand, den Sie auf keinen Fall einfach hinnehmen dürfen.
Als erster Schritt empfiehlt sich ein Gespräch unter vier Augen mit dem betreffenden Mitarbeiter. Sollte sich aus dieser Unterredung ergeben, daß die Ursache seiner Unzufriedenheit im Verhalten der Kollegen begründet ist, bleibt immer noch Zeit, weitere Gespräche zu führen. Bevor Sie nicht dem Mitarbeiter selbst die Chance gegeben haben, die Ursachen für sein fehlendes Engagement zu nennen, führen Gespräche sowohl mit Kollegen als auch mit Ihrem Vorgesetzten eher zu einer Verschärfung des Konflikts. Wir schlagen deshalb Lösung c) vor.

LÖSUNG ZU FALL III:

Da Sie neu in dem Unternehmen beschäftigt sind, ist die richtige Einschätzung der Argumentation Ihres Vorgesetzten recht schwierig. Sie wissen weder, ob die formalen Richtlinien tatsächlich so streng zur Anwendung kommen, noch ob Ihr Vorgesetzter generell neuen Vorschlägen ablehnend gegenübersteht. Am besten Sie halten sich an Antwort c) und fragen Ihren Vorgesetzten, welche Form der Ausarbeitung seiner Meinung nach üblich ist und wo konkret seine Kritikpunkte bei Ihrer Arbeit liegen. Sollten Sie die Argumente selbst nach erfolgter Einweisung nicht überzeugen, kann ein Gespräch mit Kollegen hilfreich sein.

MEMO

- Ärger kostet Kraft und Nerven und ist unproduktiv. Vermeiden Sie ihn durch die Überlegung, warum Sie sich jetzt aufregen. Machen Sie sich klar, daß Ärger nie weiterhilft, sondern nur hemmt.
- Gehen Sie auf »ärgerliche« Situationen konstruktiv zu, indem Sie sachlich nach Lösungen zur Beseitigung des Mißstandes suchen.
- Emotionale Reaktionen, die sich im ersten Moment anbieten, fallen meist überzogen aus und verraten anderen, daß Sie sich nicht in der Gewalt haben.
- Man neigt dazu, Unstimmigkeiten überzubewerten. Das führt zu Überreaktionen, die einen die Verhältnismäßigkeit der Reaktion aus den Augen verlieren lassen.

Die Qual der Wahl

»Ich habe keine andere Wahl« – mit diesem Ausspruch drücken wir oft das Bedauern aus, keine Entscheidungsmöglichkeit zu haben. In Wirklichkeit sind es aber gerade die Auswahlmöglichkeiten, der Zwang, sich für eine von vielen denkbaren Alternativen zu entscheiden, die uns im täglichen Leben am meisten zusetzen. Wie viel Zeit wurde schon vertan, wie viele Chancen wurden ausgelassen, nur weil man nicht fähig war, sich rechtzeitig für einen bestimmten Weg zu entscheiden! Besonders bei Führungskräften ist die Entscheidungsfreudigkeit eine der am höchsten bewerteten Eigenschaften.

Es hat wenig Sinn, Tage oder Wochen ein Problem vor sich herzuschieben. Sie belasten sich damit unnötig und kommen, nachdem einmal alle Für und Wider durchdacht wurden, doch nicht zu einem besseren Ergebnis.

Dazu ein Fallbeispiel:

Frau H. hat sich ihren ganzen Urlaub damit verdorben, eine Entscheidung nicht vor dem Urlaubsbeginn getroffen, sondern sie auf die Rückkehr verschoben zu haben. Sie hatte sich bei einem Unternehmen beworben, und etwa zwei Wochen vor der Abreise fand das erste Vorstellungsgespräch statt. Drei Tage vor Reisebeginn führte sie ein zweites Gespräch, bei dem alle offenen Fragen geklärt werden konnten. Dennoch bat sie um weitere zehn Tage Bedenkzeit, um ihre Entscheidung nach Rückkehr von der einwöchigen Urlaubsreise mitzuteilen. Eine Folge des Zögerns war, daß sie die herrliche Landschaft am Urlaubsort überhaupt nicht genießen konnte und sich nur ständig auf die eine Frage konzentrierte: »Soll ich die angebotene Stelle annehmen?«

Nicht nur, daß Sie mit einer solchen Taktik ein Angebot, das Sie eigentlich annehmen möchten, durch Unentschlossenheit selbst aufs Spiel setzen; Sie blockieren sich auch, etwas Produktives zu denken. Es liegt viel Weisheit in dem bekannten Spruch *»Besser eine falsche Entscheidung als gar keine Entscheidung.«*

Haben Sie zum Beispiel die Aufgabe gestellt bekommen, ein Lagersystem aufzubauen, so hilft es nichts, wochenlang aufs neue zu überlegen, ob die Sortierung nach Bestellnummern oder nach Artikelgruppen erfolgen soll. Da es viele Argumente sowohl für das eine als auch das andere Sortierverfahren gibt, wäre es müßig, sich unendlich lang mit dieser Frage zu beschäftigen. Entscheidend in dieser Situation ist es, überhaupt eine Ordnung in das Lager zu bringen, eines der beiden Systeme zu wählen und dieses konsequent zu verfolgen. Sie werden von Ihrem Vorgesetzten mehr Anerkennung erhalten, wenn Sie ihm nach drei Wochen ein übersichtliches aufgeräumtes Lager zeigen, als wenn Sie ihm ein mehrseitiges Für und Wider der Alternativen aufzeigen, das Lager aber immer noch nicht aufgeräumt ist.

- Lernen Sie vor allem, die wichtigen und folgenreichen Entscheidungen von unwichtigen Dingen zu unterscheiden.

Es gibt Menschen, die sich mit der Frage quälen, welches Fernsehprogramm sie am Abend ansehen sollen, die sich aber am nächsten Tag weder an die eine noch an die andere Sendung erinnern können. Stehen Sie jedoch vor der Frage, ob Sie ein Haus kaufen sollen oder für welche der angebotenen Alternativen Sie sich entscheiden sollen, bedarf es doch einiger Überlegungen, da die Wahl mit vielen Konsequenzen für die nächsten Jahre oder Jahrzehnte verbunden ist.

Es hat keinen Sinn, immer wieder die gleichen Argumente hin und her zu wälzen und sich mit den Gedanken im Kreis zu drehen. Solange Sie sich emotional an Detailproblemen festhängen, kommen Sie einer fundierten Entscheidung, mit der Sie auch längerfristig zufrieden sein können, nicht näher.

- Da sich die verschiedenen Gesichtspunkte im Zusammenhang mit der Entscheidung in der Regel sehr komplex und umfangreich darstellen, ist es wichtig, zuerst alle Kriterien zu sammeln, zu gewichten und schließlich zu bewerten. Die Grundlage bildet der Prozeß einer Prioritätenbildung. Nur so ist für Sie und auch für andere, denen Sie Ihre Entscheidung begründen müssen, der Weg der Entscheidung immer nachvollziehbar.

Lassen Sie uns einen Entscheidungsprozeß an einem konkreten Beispiel durchspielen:

Nehmen wir an, Sie möchten ein Haus kaufen und stehen vor der Entscheidung, zwischen den angebotenen Objekten wählen zu müssen.

Als erstes sollten Sie alle Anforderungen sammeln, die Sie an Ihr zukünftiges Haus stellen. Danach folgt eine Gliederung der Kriterien in zwei Hauptgruppen:

1. MUSS-Bedingung,

2. WUNSCH-Bedingung.

Bei der ersten Gruppe handelt es sich um sogenannte K.O.-Kriterien, da eine Nichterfüllung automatisch zur Ablehnung des betreffenden Angebots führt. Bei der Festlegung dieser Muß-Bedingungen sollten Sie deshalb zurückhaltend vorgehen und wirklich nur solche Anforderungen stellen, die Sie unter allen Umständen erfüllt haben wollen.
In der zweiten Gruppe, der der Wunsch-Bedingungen, können Sie nun alle übrigen erstrebenswerten Faktoren aufführen. Hier erfolgt die Bewertung nicht, wie in der ersten Gruppe, durch die reine Feststellung erfüllt/nicht erfüllt (Ja/Nein-Entscheidung), sondern in Form einer Gewichtung und anschließenden Bewertung.
Der Entscheidungsprozeß führt Sie zu derjenigen Alternative, die sämtliche Muß-Bedingungen erfüllt und bei den Wunsch-Bedingungen die höchste Bewertungszahl aufweist. Lassen Sie uns diesen Prozeß an unserem Beispiel, dem Hauskauf, demonstrieren.

Die Anforderungen an das zu kaufende Haus denken wir uns wie folgt:

Ein- bis Zweifamilienhaus, maximal 20 km von Stuttgart entfernt, mindestens 6 Zimmer, 2 Bäder, Terrasse oder Balkon, wobei eine Terrasse bevorzugt wird. Kleiner Garten. Ruhige Lage in reinem Wohngebiet. Auf eine gute Wärme-Isolierung wird geachtet. Aus steuerlichen Gründen ist ein Neubau interessanter, aber auch gebrauchte Objekte kommen grundsätzlich in Betracht. S-Bahn oder Straßenbahnanschluß wären wünschenswert, da dadurch ein Zweitwagen eingespart werden könnte. Weiterführende Schulen sollten am Ort sein. Als Preisobergrenze legen wir den Wert von DM 600000 als verbindlich fest.

Nachdem nun alle uns wichtigen Kriterien gesammelt wurden, können diese auf die beiden Gruppen der Muß- und Wunsch-Bedingungen aufgeteilt werden.

Muß-Bedingungen:

Zimmeranzahl mindestens 6
Preis max. DM 600000

Wunsch-Bedingungen:

Hausgröße
Entfernung von Stuttgart
Anzahl der Bäder
Garten
Terrasse/Balkon
Wohnlage
Anschluß an öffentliche Verkehrsmittel
Schulen
Baujahr
Wärmeisolierung

Es folgt nun eine Gewichtung der Wunsch-Bedingungen, wobei Sie dem Wunsch mit der größten Bedeutung die Gewichtungszahl 10, dem Wunsch, dem Sie die geringste Bedeutung beimessen, die Gewichtungszahl 1 zuordnen.

Ihr vollständiger Anforderungskatalog könnte dann wie folgt aussehen:

Muß-Bedingungen:	**erfüllt/nicht erfüllt**
Zimmerzahl, mindestens 6	.../...
Preis, max. DM 600000	.../...
Wunsch-Bedingungen:	**Gewichtungszahl**
Hausgröße	10
Wohnlage	9
Entfernung von Stuttgart	8
Verkehrsmittel	7
Garten	6
Anzahl der Bäder	5
Balkon/Terrasse	4
Schulen	3
Wärmeisolierung	2
Baujahr	1

Jetzt kann die eigentliche Auswahl der Angebote beginnen: Zuerst prüfen Sie, ob die Muß-Bedingungen erfüllt sind. Sollte ein Haus weniger als sechs Zimmer haben oder teurer als DM 600000 sein, werden Sie es sofort aus dem Entscheidungsprozeß aussondern.

Nehmen wir an, von den anfangs vorhandenen Alternativen erfüllen fünf Häuser die beiden Muß-Bedingungen. Diese fünf Häuser heißt es nun anhand der zehn gewichteten Wunschbedingungen zu bewerten. Die höchstmögliche Punktezahl ist 10, wird eine Bedingung gar nicht erfüllt, wird die Punktezahl 0 vergeben. Sie multiplizieren Gewichtungszahl mit Bewertungszahl. Am besten legen Sie sich dazu eine Tabelle an:

Wunsch-Bedingung	Alternativen 1	2	3	4	5	Gewichtung
Hausgröße	(6) 60	(10) 100	(8) 80	(3) 30	(5) 50	10
Wohnlage	(8) 72	(2) 18	(1) 9	(7) 63	(7) 63	9
Entfernung von Stuttgart	(4) 32	(9) 72	(7) 56	(8) 64	(5) 40	8
Verkehrsmittel	(6) 42	(2) 14	(5) 35	(4) 28	(8) 56	7
Garten	(10) 70	(9) 63	(0) 0	(0) 0	(5) 35	6
Anzahl der Bäder	(10) 50	(10) 50	(5) 25	(5) 25	(0) 0	5
Balkon/Terrasse	(5) 20	(0) 0	(8) 32	(5) 20	(2) 8	4
Schulen	(6) 18	(4) 12	(7) 21	(3) 9	(10) 30	3
Wärmeisolierung	(3) 6	(5) 10	(8) 16	(1) 2	(9) 18	2
Baujahr	(0) 0	(0) 0	(0) 0	(10) 10	(10) 10	1
Gesamtpunktzahl	370	339	274	251	310	

Die Zahlen in Klammern geben die reinen Bewertungszahlen an, daneben wurden, wie vorgeschlagen, diese Bewertungen mit der Gewichtung des jeweiligen Kriteriums multipliziert. Addiert man die gewichteten Bewertungszahlen einer Alternative, erhält man die Gesamtpunktezahl. Dieses Verfahren eines Entscheidungsprozesses ist eine verhältnismäßig aufwendige Methode und sollte deshalb nur bei recht komplexen und wichtigen Vorhaben angewandt werden. Es hat jedoch den Vorteil, daß der Gedankengang für andere nachvollziehbar wird, sich deshalb gut als Diskussionsgrundlage auch im größeren Kreis eignet.

Entscheidungshilfen dieser oder ähnlicher Art sollen nicht subjektive Sympathiefaktoren verdrängen oder abwerten. Individueller Geschmack ist wichtig und braucht nicht unberücksichtigt zu bleiben. Aber gerade im Berufsleben treten eher objektive Kriterien in den Vordergrund, da nicht nur derjenige, der die Entscheidung zu treffen hat, mit ihr leben muß, sondern auch das Unternehmen als ganzes, Kollegen und Mitarbeiter davon betroffen sind. Rationale Entscheidungsprozesse finden dabei eine breitere Zustimmung als subjektive Urteile einzelner auf der Basis emotionaler Einschätzung.

Erfolgreiche Kommunikation oder: Niemand ist eine Insel

In den folgenden Kapiteln werden wir uns mit den einzelnen Arten der Kommunikation näher beschäftigen und Ihnen dabei Tips und Anregungen geben.

In grauer Vorzeit, als unsere Vorfahren noch Jäger und Sammler waren, hatte die Kommunikation, also die Verständigung untereinander, das Übermitteln von Nachrichten, einen relativ geringen Rang. Heute, in unserer arbeitsteiligen Industriegesellschaft, in der Menschen auf engstem Raum in Ballungszentren zusammenleben, hat sich die Situation völlig gewandelt. Dem Austausch von Informationen kommt eine zentrale Bedeutung bei. Kommunikation kann dabei auf die unterschiedlichsten Arten erfolgen. An erster Stelle fallen uns meist die Sprache oder die Schrift ein. Aber auch Gesten und Mimik sind eine Art der Übermittlung. Wenn Ihnen zum Beispiel jemand auf die Schulter klopft, können Sie diese Geste als Anerkennung deuten. Grundlage jeglicher Kommunikation bilden die drei Elemente *Sender*, *Nachricht* und *Empfänger:*

Dazu ein Beispiel:

> Siegfried (Sender) möchte seiner Freundin Erika (Empfänger) mitteilen, daß er sie gern hat (Nachricht). Er hat dazu eine ganze Reihe von unterschiedlichen Möglichkeiten: einen Brief schreiben, sie streicheln, ihr Lieblingsgericht kochen, ein Geschenk machen, ihr Lieblingslied spielen (das bei ihrem ersten gemeinsamen Tanz lief), usw.

Wichtig ist es uns, hier zu zeigen, daß Informationen über alle fünf Sinnesorgane wahrgenommen werden: Sehen, Riechen, Schmekken, Fühlen und Hören eignen sich je nach Art der Information unterschiedlich gut als Medium.
Aber nicht nur vom Inhalt der Information, sondern auch vom

jeweiligen Empfänger hängt es ab, ob Sie Ihr Ziel der Kommunikation erreichen. Wollte Siegfried einem japanischen Mädchen seine Zuneigung zeigen, um bei unserem Fallbeispiel zu bleiben, hätte er wohl große Schwierigkeiten, ihr einen Brief zu schreiben. Auch Menschen gleicher Nationalität haben oft Probleme, sich zu verstehen. Im Beruf tritt dieses Phänomen sehr häufig zwischen Technikern und Kaufleuten auf. Man redet aneinander vorbei, weil der eine die Fachsprache des anderen nicht versteht, die Konsequenzen, die sich aus den Erläuterungen ergeben, nicht ziehen kann.

Wahrnehmen ist also nicht gleich Verstehen. Ihr Gesprächspartner wird zwar das, was Sie sagen, rein sprachlich wahrnehmen; ob er aber verstanden hat, was Sie ihm mitteilen wollten, steht auf einem anderen Blatt.

Nehmen wir an, Sie möchten Ihr Grundstück vor Eindringlingen schützen und befestigen dazu am Gartenzaun ein Schild »Achtung, bissiger Hund!«: Rein sprachlich besagt dieses Schild nur, daß es einen Hund gibt, der bissig reagiert. Erst auf der semantischen Ebene (Bedeutungsebene) wird Ihre Absicht klar. Der Leser des Schildes muß demnach die Schlußfolgerung ziehen: Wenn ich das Grundstück unbefugt betrete, werde ich vom Hund gebissen. Also ist es besser, ich bleibe außerhalb des Zauns.

Um Ihr Ziel, erfolgreich zu werden, zu erreichen, müssen Sie besonders darauf achten, daß Ihre Nachricht vom Empfänger auch tatsächlich verstanden wird. Üblicherweise verlassen Sie sich darauf, daß Ihre Botschaften in dem von Ihnen gemeinten Sinn »ankommen«. Darin liegt eine Quelle vieler Mißerfolge. Denn man wird Sie häufig falsch interpretieren. Von *Verstehen* spricht man nur dann, wenn Sender und Empfänger den gleichen Zeichenvorrat haben und diese Zeichen »richtig« deuten können. »Richtig« heißt den festgesetzten Norm entsprechen, die von einer Gruppe oder einer gesamten Gesellschaft festgelegt wurden. Es ist deshalb »richtig«, vor einer roten Verkehrsampel anzuhalten und bei Grün zu fahren, weil diese Regel einmal festgelegt wurde und der Verkehr nur reibungslos funktionieren kann, wenn alle Verkehrsteilnehmer diese Zeichenfestlegung kennen und sich entsprechend verhalten. Man nennt diese Vereinbarungen auch *Konventionen.*

Die Kommunikation zwischen Menschen unterschiedlicher Kulturen, macht deshalb besondere Schwierigkeiten, weil die Normen und Werte auf vielerlei Gebieten differieren und man aus dem Verhalten des anderen keine Rückschlüsse ziehen kann oder die falschen Rückschlüsse zieht. Wenn zum Beispiel ein Asiate beim Essen schlürft, so ist das kein Zeichen von Flegelhaftigkeit. Schlürfen bedeutet für ihn, daß ihm das Essen gut schmeckt. Er will also Lob zum Ausdruck bringen.

Europäer haben vor diesem Hintergrund besondere Probleme in Südostasien geschäftliche Verbindungen zu knüpfen. Die kulturellen Unterschiede machen sich sehr störend bemerkbar, und die Handlungsweisen der Geschäftspartner werden nur schwer verstanden. Um hier erfolgreich arbeiten zu können, bedarf es zuerst eines gründlichen Studiums der Kultur des betreffenden Landes.

An diesem Beispiel zeigt sich deutlich, daß unser einfaches Modell der Kommunikation mit Sender–Nachricht–Empfänger nicht ausreicht. Es genügt nicht, jemandem eine Nachricht zu übermitteln und zu wissen, was man selbst damit meint. Entscheidend ist, daß der Empfänger der Nachricht auch etwas mit der Information anfangen kann, sie versteht und richtig deutet.

Um erfolgreich kommunizieren zu können, müssen Sie prüfen, ob Ihr Gegenüber Sie verstanden hat. Dazu müssen Sie genau beobachten und seine Reaktion bewerten. Diese Reaktion wird in der Fachsprache *»feedback«* genannt. Sie kann auf verschiedene Arten erfolgen: Der Empfänger Ihrer Nachricht kann Ihnen etwas direkt entgegnen, er kann sich abwenden oder gar nicht handeln. Aber selbst die letztgenannte Möglichkeit ist für Sie ein Signal. Nicht reagieren, bedeutet Gleichgültigkeit, Desinteresse oder Unverständnis. Die ehrlichste Rückkopplung, das aufschlußreichste »feedback«, erhalten Sie weniger aus dem, was Ihr Gesprächspartner sagt, als vielmehr aus seinem Verhalten und seiner Gestik und Mimik. Wenn Ihnen zum Beispiel jemand sagt, »Ihre Ausführungen halte ich für sehr interessant!«, gleichzeitig aber gelangweilt in die Ferne blickt, so können Sie davon ausgehen, daß er sich von Ihren Erläuterungen wenig hat überzeugen lassen.

In den meisten Fällen werden aber solche Warnsignale nicht wahrgenommen, und die Kommunikation läuft ins Leere.

Sie sollten deshalb immer das eben beschriebene Kommunikationsmodell im Gedächtnis behalten.

▶ Konzentrieren Sie sich nicht nur auf Ihre Nachricht, die Sie vermitteln wollen, sondern auch auf den Empfänger der Nachricht und dessen Reaktion. Fahren Sie nicht stur fort, Ihre Informationen, wie ursprünglich geplant, zu übermitteln, sondern richten auch Sie Ihr weiteres Verhalten am »feedback« des Empfängers aus. Dazu bedarf es einer großen Flexibilität und Sicherheit. Aber nur dadurch ist gewährleistet, daß Ihre Information den Empfänger richtig erreicht, und daß sie wirkungsvoll ist. Agieren Sie wie ein guter Lehrer, der seinen Unterricht nicht nach Schema ›F‹ abhält, sondern entsprechend Niveau und Verhalten der Klasse dieselben Lerninhalte jeweils durch unterschiedliche Methoden präsentiert.

Reden ist Gold

Erfolgreich reden zu können ist heute eine der wichtigsten Voraussetzungen, um seine Ideen und Vorstellungen anderen nahezubringen und damit Einfluß zu gewinnen.
Reden ist mehr als Unterhaltung zum Zeitvertreib, es ist vielmehr zielgerichtetes Handeln, ein Handwerk, das gelernt werden kann. Wenn Sie bisher wenig Beifall als Redner bei Versammlungen im größeren oder auch kleineren Kreis erhielten, so lassen Sie sich davon nicht entmutigen. Sie können erfolgreiches Reden erlernen, indem Sie erfahren,

- aus welchen Elementen sich eine erfolgreiche Rede zusammensetzt,
- welche Redetechniken angewendet werden können,
- wie Sie die gewonnenen Kenntnisse in der praktischen Anwendung selbst üben und damit beherrschen lernen.

Diese drei Aspekte erfolgreichen Redens möchten wir Ihnen in diesem Kapitel vorstellen.
Lampenfieber haben fast alle Redner, auch die Routiniers. Dieses Lampenfieber ist in der Regel immer als erstes Hindernis zu überwinden. Es handelt sich um die Angst, vor der Zuhörerschaft zu versagen, besonders, wenn sie zahlenmäßig groß ist. Wer kennt nicht die körperlichen Anzeichen? Im wahrsten Sinn des Wortes bleibt einem die Spucke weg, und man bekommt keinen Ton heraus. Dagegen gibt es ein sehr einfaches Mittel.

▶ Entweder Sie stellen sich ein Glas Wasser neben das Rednerpult und nehmen vor Beginn der Rede einen Schluck. (Nie jedoch während der Rede trinken! Dies macht einen denkbar schlechten Eindruck.) Oder Sie beißen sich leicht auf die Zungenspitze. Sie werden feststellen, daß sich dadurch etwas Speichel im Mund bildet.

▶ Gewöhnen Sie sich auch an, tief zu atmen. Die Wörter kommen Ihnen dann nicht nur mit einer ganz anderen Kraft, sondern auch deutlicher und ausdrucksvoller über die Lippen.

Die anfängliche Angst bewirkt, daß Sie unsicher wirken. Dies spürt Ihre Zuhörerschaft. Aber genau damit bauen Sie eine unnötige Wand zwischen sich und den Zuhörern auf. Das Publikum liebt sichere Redner, Menschen, von denen man das Gefühl hat, daß sie mit Freude und Elan ihren Standpunkt vertreten.

▶ Versuchen Sie deshalb immer klarzumachen, daß jede Rede eine neue willkommene Gelegenheit ist, routinierter als Redner zu werden. Freuen Sie sich über die Zuhörer, und lassen Sie diese positive Einstellung auch deutlich werden, indem Sie Blickkontakt suchen und Sicherheit ausstrahlen.

Wenden wir uns nun der Stimme zu. Eine wichtige Eigenschaft für einen guten Redner ist es, sich laut und deutlich artikulieren zu können. Mag es in einem Zweiergespräch, auf kurze Distanz, ausreichen, leise zu reden, so ist dies einer der schwerwiegendsten Fehler, den Sie beim Reden im größeren Kreis begehen können.

- ► Die einfachste Übung besteht darin, sich Texte laut vorzulesen und diese akzentuiert, das heißt betont, zu sprechen. So gewöhnen Sie sich auch an den Klang Ihrer Stimme.
- ► Die Übung kann dadurch ausgebaut werden, daß Sie gesprochene Texte auf Kassette aufnehmen und diese dann mehrmals abspielen. Sie werden dabei feststellen, daß sich die eigene Stimme aus der Distanz völlig anders anhört. Diese Erfahrung ermöglicht jedoch eine objektivere Beurteilung; denn so, wie Sie sich auf Kassette hören, werden Sie auch von Ihren Zuhörern wahrgenommen.
- ► Wirkt Ihre Stimme schwach und unscheinbar, versuchen Sie es einmal mit Summen. Summen erwies sich als die beste Methode zur Kräftigung der Stimme. Es kommt dabei gar nicht auf die Melodie an, wichtig ist nur, daß Sie jede Gelegenheit nutzen, mit dieser einfachen Übung Ihrer Stimme mehr Ausdrucksvermögen und Ausstrahlung zu geben.
- ► Achten Sie darauf, daß Sie den Mund beim Sprechen richtig öffnen und nicht die Silben nur zwischen den Lippen murmeln. Dies hilft Ihnen auch, deutlicher zu sprechen, damit Sie von einem großen Auditorium verstanden werden können.

Neben der Lautstärke und der Artikulation hat noch ein drittes Element Einfluß auf die akustische Verständlichkeit der Rede: die Redegeschwindigkeit. Viele Menschen neigen dazu, um so schneller zu reden, je besser sie einen Text kennen. Dies führt dazu, daß die Sätze heruntergeleiert werden und jegliche Betonung entfällt. Wie so oft, gilt es auch hier, einen gesunden Mittelweg zu gehen.

- ► Reden Sie nicht zu langsam und zu einschläfernd. Ihre Zuhörer sollten nicht das Gefühl haben, sie müßten Ihnen bei jedem Wort einen Schubs geben müssen, damit es weitergeht. Galoppieren Sie aber auch nicht Ihrem Publikum davon, bis dieses Ihnen nicht mehr folgen kann und den Faden verliert. Kurzum, sprechen Sie flüssig, dynamisch und betont, so wird Ihre Rede abwechslungsreich wirken.

Mit dieser Sprechtechnik können Sie die Zuhörer für das Gesagte interessieren und sie bei der Stange halten. Uns kommt dabei der Vergleich mit einer Landschaft in den Sinn: Fährt man stundenlang durch eine monotone Ebene, so tritt sehr schnell Langeweile ein. Führt der Weg jedoch abwechselnd durch Wälder, über Berge, durch Schluchten und Täler, so wird man kaum müde und kann sich nicht sattsehen. Versuchen Sie diese Lebendigkeit in Ihre Rede einzubringen. Damit schaffen Sie eine wichtige Voraussetzung, die Hörer für den Inhalt Ihrer Rede empfänglich zu machen.

Der Inhalt ist ja das Kernstück Ihrer Rede. Sie wollen etwas mitteilen, eine Information oder, neudeutsch, eine »Message« an Ihre Zuhörer weitergeben. Die erste Grundregel dabei:

- ► Reden Sie nur von Dingen, von denen Sie etwas verstehen. Eignen Sie sich Fachwissen an. Ihre Rede muß Substanz haben. Sorgen Sie dafür, daß man das Gefühl gewinnt, etwas Wichtiges von Ihnen zu erfahren.

Wenn Sie über Armut in der Dritten Welt referieren, sollten Sie die Situation der Menschen dort persönlich gesehen haben. Reden Sie über Tennis, sollten Ihnen die Regeln vertraut sein. Wenn die Sachkenntnis fehlt, ist Ihr Vortrag eine Verpackung ohne Inhalt.

Damit sind wir schon bei der Planung und Organisation einer Rede angelangt.

- ► Lassen Sie sich nicht einfach überrumpeln und spontan zu einer improvisierten Rede verleiten. Die Vorbereitung hat dabei den Sinn, sich hinsichtlich des Themas fit zu machen. Besorgen Sie sich Informationen, die dem neuesten Stand entsprechen.

Kommentieren Sie zum Beispiel die Geschäftsentwicklung, so sollten Ihnen aktuelle Umsatz- und Absatzzahlen vorliegen. Ihre Schaubilder und Graphiken dürfen nicht mit dem vorletzten Jahr aufhören.
Zur Vorbereitung gehört aber auch, daß Sie sich darüber informieren, vor welchem Personenkreis Sie sprechen werden. Lautet Ihr Thema beispielsweise »Motorsport«, so ist die Rede anders zu gestalten, wenn sie vor dem Motorsportclub Ihrer Heimatgemeinde, als wenn sie vor den Chefkonstrukteuren der Formel-I-Teams gehalten wird.

- ► Erkundigen Sie sich ferner über die Redezeit, die Ihnen zur Verfügung steht. Es gibt nichts Schlimmeres als einen Vortragenden, der die gesamte Programmplanung durcheinanderwirft und den Zeitrahmen sprengt.

Wenn Sie nun wissen:

- Wie lautet mein Thema?
- Wer sind meine Zuhörer?
- Wie groß ist meine Zuhörerschaft?
- Wieviel Zeit steht mir zur Verfügung,

können Sie sich der Konzeption Ihrer Rede widmen. Überlegen Sie sich, was Sie mit dem Vortrag bezwecken wollen. Ist es Ihr Ziel, die Zuhörer zu informieren, sie zu überzeugen, sie sogar zu aktivieren?

► Suchen Sie sich einen roten Faden, also einen Leitgedanken, der sich durch die ganze Rede ziehen soll.

► Ordnen Sie Ihre Argumente. Die beste Wirkung erzielen Sie, wenn das schlagkräftigste Argument gegen Ende der Rede kommt. So werden Sie Ihren Vortrag zu einem Höhepunkt steigern, ein Weg, auf dem Sie Ihre Zuhörer begeistern können.

► Haben Sie den Höhepunkt erreicht, sollten Sie Ihre Rede zu einem kurzen Ende führen, um die erzielte Wirkung nicht wieder abklingen zu lassen.

Redner, die den letzten Teil Ihrer Rede mit den Worten einleiten »Bevor ich zum Ende komme, lassen Sie mich noch kurz auf folgenden Punkt zu sprechen kommen«, werden von Ihrer Zuhörerschaft nur Desinteresse ernten und den Wunsch, bald vom Zuhörenmüssen befreit zu werden.

► Es ist sinnvoll, Anfang und Ende einer Rede im voraus auszuformulieren, ja sogar auswendig zu lernen. Dies gibt Ihnen Sicherheit und einen gewissen Rahmen vor, innerhalb dessen Sie sich bewegen können. Ansonsten empfehlen wir Ihnen, im wesentlichen Stichwörter als Leitfaden zu notieren, mit deren Hilfe Sie sich orientieren.

► Vermeiden Sie es, den gesamten Text Ihrer Rede aufzuschreiben und abzulesen. Dies wirkt nicht nur trocken, sondern verhindert auch, daß Sie sich auf Ihr Publikum konzentrieren können und Blickkontakt bekommen. Gerade der Blickkontakt bindet die Zuhörer an Sie. Indem Sie die Zuhörerschaft direkt ansprechen, schaffen Sie Gemeinschaftsgefühl und Vertraulichkeit, was Ihnen bei der Erreichung Ihres Redeziels sehr hilfreich ist.

Das Gemeinschaftsgefühl können Sie aber auch durch sprachliche Mittel erreichen.

► Gerade am Anfang der Rede sollten Sie eine möglichst hohe Übereinstimmung mit Ihrer Zuhörerschaft anstreben. Damit

schaffen Sie eine positive Grundhaltung, auf der sich weiter aufzubauen lohnt.
Wählen Sie die Wir-Form, das heißt, integrieren Sie sich als Mitglied in die Gruppe.

Sie werden feststellen, daß Sie auf diese Art im weiteren Verlauf Ihrer Rede Kritikpunkte leichter anbringen können, da Sie sich ja selbst nicht ausnehmen. Man akzeptiert es eher, wenn Sie ausführen: »Zu der schwierigen Lage, in der wir uns nun befinden, hat, wenn wir ehrlich sind, wohl jeder seinen Beitrag geleistet.«

Aber es gibt noch eine ganze Reihe von anderen sprachlichen Stilmitteln und rhetorischen Figuren, die den Erfolg Ihrer Rede mitprägen.

▶ Möchten Sie zum Beispiel etwas besonders betonen oder eindringlich auf etwas hinweisen, so empfiehlt sich eine Wortwiederholung (Anapher): »Demokratisch wollen wir abstimmen, demokratisch soll unser Handeln ausgerichtet sein.«

Um etwas zu veranschaulichen, gibt es im wesentlichen vier Möglichkeiten:

1 Sie können sich einer bildhaften Sprache bedienen, also eine nüchtern sachliche Aussage durch eine gegenständliche Darstellung ersetzen. Statt »Er fühlte sich durch sie angezogen« hieße es dann »Bei ihrem Anblick leuchteten seine Augen.«
Es gibt aber auch die Möglichkeit, Schaubilder oder Photos zu integrieren.

2 Durch treffende Vergleiche (mit »wie«, »als ob« usw.) können Sie eine Beziehung zwischen zwei Bereichen herstellen, zwischen denen eine Gemeinsamkeit besteht. Dieses Stilmittel findet besonders oft in der Werbung Anwendung (»Das Duschmittel Liberty – (wie) ein Bad in der Karibik!«).

3 Das Beispiel ist ein altbewährtes Stilmittel, das auch wir in diesem Buch sehr häufig eingesetzt haben.

4 Arbeiten Sie mit Personifikation, bei der unbelebte Erscheinungen wie Personen vergegenwärtigt werden (»Wir, die Bundesländer, sind nicht die Schulbuben der Nation«).

▶ Möchten Sie Ihre Zuhörer aufmerksam machen und direkt ansprechen, empfiehlt sich die persönliche Anrede: »Sie als erfahrene Mitglieder unseres Verbandes können es sicher am besten beurteilen, ob ein Vorstoß auf diesem Gebiet erfolgversprechend scheint.«

- Wenn Sie in Ihrer Rede auch kritische Punkte ansprechen müssen, von denen Sie glauben, daß die Mehrzahl Ihrer Zuhörer sie abblockt, so sollten Sie mögliche Einwände in Ihrer Rede bereits vorwegnehmen. Auch hierzu ein Beispiel: »Sicher werden Sie nun sagen, die Entlastung der Innenstadt kann auch ohne Autobahnanschluß erfolgen. Aber haben Sie dabei die Belange unserer ansässigen Industriebetriebe berücksichtigt? Nur durch den Autobahnanschluß ist ein reibungsloser Warentransport und eine Entlastung der Innenstadt vom Schwerlastverkehr gewährleistet.«

Neben der Sprechtechnik und den sprachlichen Stilmitteln gibt es noch weitere Möglichkeiten, um einer Rede mehr Nachdruck zu verleihen: die Gestik und die Körperhaltung. Hier sind wir bei einem sehr umstrittenen Thema angekommen. Leider bilden oft unkoordinierte Arm- und Beinbewegungen, die den Vergleich mit Turnübungen nahelegen, das einzig unterhaltsame Element eines Vortrages.

Einen in diesem Sinn grotesken Eindruck gewinnt das Publikum, wenn die Körperbewegungen gekünstelt wirken und dem gesprochenen Wort entgegenlaufen. Dabei sind Gesten doch eigentlich die natürlichste Sache der Welt: Händeschütteln, Winken, Umarmen oder den Kopf-Hängen-Lassen, dies sind alles Gesten, die wir im täglichen Leben, ohne darüber nachzudenken, verwenden. Was verursacht also Probleme beim Einsatz von Gesten speziell in der Rede?
Die wichtigste Grundregel für diesen Zusammenhang heißt:

- Passen Sie Ihre Gesten immer dem gesprochenen Wort an.

Die Geste sollte das Gesagte unterstreichen, es natürlich begleiten und auf keinen Fall ihm entgegenwirken. Dazu wieder ein Beispiel: Sprechen Sie von Umsatzzahlen, die in den letzten Jahren gestiegen sind, so sollte die Handbewegung ebenfalls nach oben gehen.

Das Ausmaß und der Umfang der Gesten hängt auch maßgeblich vom Anlaß und der Zielsetzung Ihrer Rede ab. Möchten Sie eine kämpferische Rede vor großem Publikum vortragen und Ihre Zuhörer zum aktiven Handeln animieren, so empfiehlt es sich, häufig geradlinige, kräftige Gesten zu verwenden. Für eine Festtagsrede im Familienkreis sind eher weiche, runde Gesten passend, die weniger ausladend sind. Generell gilt, daß runde Armbewegungen eher Liebenswürdigkeit und Harmonie, geradlinige Gesten dagegen Kraft ausdrücken.

Wie würden Sie im nachfolgenden Übungstext die zur Auswahl stehenden Gesten einsetzen?

It's Test Time

Tragen Sie in die Kreisflächen bei den Zeichnungen den Kennbuchstaben der Geste ein, die Ihrer Meinung nach am besten zu folgendem Text paßt:

Liebe Kolleginnen und Kollegen, wie Sie alle wissen, ist heute für unsere Firma ein besonderer Tag. Wir können heute unser 50jähriges Firmenjubiläum begehen. Es ist ein Verdienst von uns allen ❶, daß wir diesen bedeutenden Tag feiern können. Mein Dank gilt deshalb Ihnen allen, den Aktiven wie den Rentnern, die heute auch anwesend sind.
Sie alle haben dazu beigetragen. Was als Familienunternehmen ganz klein ❷ angefangen hat, ist mittlerweile ein Großunternehmen mit mehr als 2000 Mitarbeitern. Diese Expansion ist ein Beweis dafür, daß wir auf dem richtigen Weg sind. Aber wir wissen auch alle ❸, daß die Konkurrenz nicht schläft. Nur wenn wir mit aller Energie und Kraft ❹ unsere Bemühungen fortsetzen, werden wir unsere führende Stellung auf dem Markt verteidigen und ausbauen können. Ich warne daher vor Selbstbeweihräucherung und einem Ausruhen auf vermeintlichen Lorbeeren.

Zeichnung

Ⓐ *zu Textstelle* ○

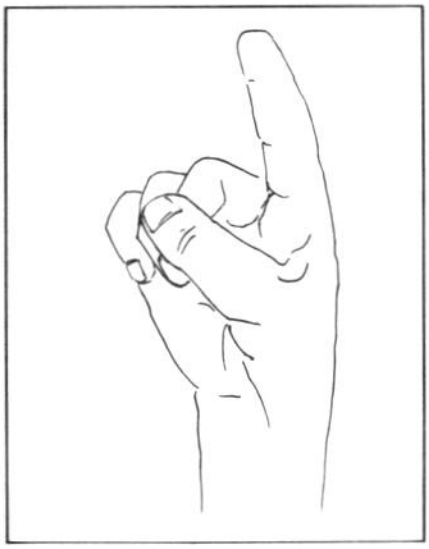

Ⓑ *zu Textstelle* ○

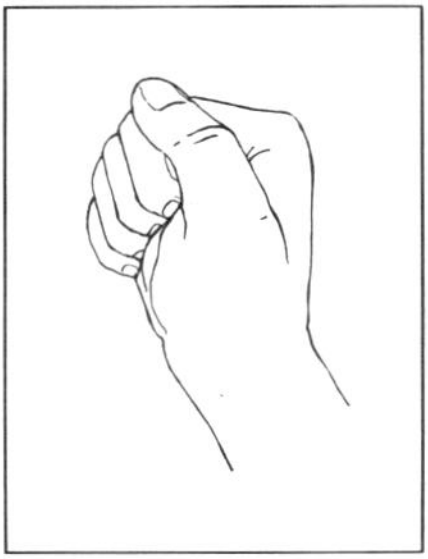

Ⓒ *zu Textstelle* ○

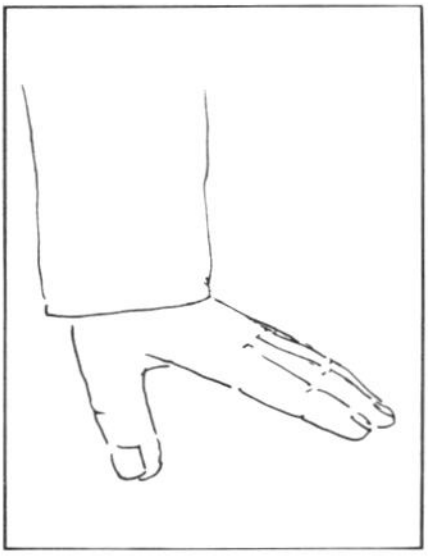

Ⓓ *zu Textstelle* ○

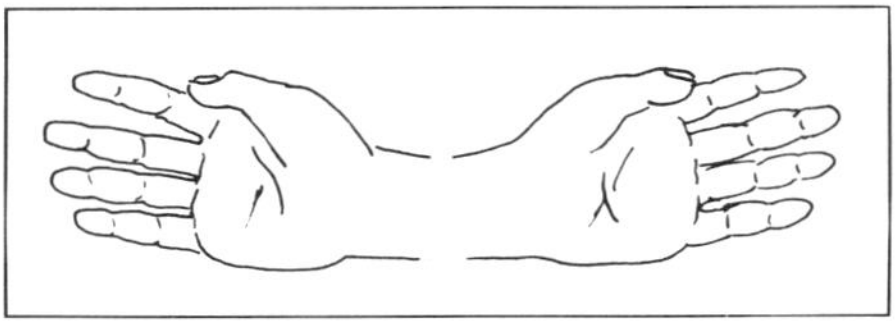

Vergleichen Sie jetzt Ihre Lösung mit der Musterlösung:

Zeichnung	A	B	C	D
Textstelle	3	4	2	1

Natürlich zeigen die Beispiele nur einige wenige ausgewählte Gesten von den zahlreichen Möglichkeiten, sich nichtsprachlich allein durch die Bewegungen des Körpers auszudrücken. Die Nuancen sind deshalb so zahlreich, weil jeder Mensch, abhängig von seinem Charakter und seiner augenblicklichen Gemütsstimmung, die Gesten laufend abwandelt. Es entstehen somit immer neue Konstellationen, die jedoch alle von einer Basisgeste stammen und auch beim Betrachten sofort zugeordnet werden können. So gesehen gibt es doch nicht unzählige Ausdrucksvarianten.*

★

Wir präsentieren Ihnen jetzt weitere Gesten, bei denen es sich um positive oder negative »Rednerhaltungen« handelt. Sehen Sie sich die Abbildungen zuerst einmal ohne den Text an, und überlegen Sie sich, wie Sie die Geste und das Verhalten des Redners deuten würden. Formulieren Sie Ihre Gedanken zu den einzelnen Rednerhaltungen schriftlich; Stichwörter genügen. Es ist ein Unterschied, ob Sie sich nur kurz in Gedanken einige Eindrücke zu merken versuchen, oder ob Sie diese Gedanken auch zu Papier bringen. Denn allein durch das Niederschreiben der Gedanken verweilen Sie automatisch einige Augenblicke länger bei dem Bild und haben so auch Gelegenheit, sich intensiver mit der Ausstrahlung der Abbildung zu beschäftigen. Entwickeln Sie auch genug Selbstbewußtsein, *Ihre Gedanken* in das Buch zu schreiben. Denn auch wenn Ihre Antwort nicht mit unserer Lösung übereinstimmt, so lassen Sie sich vielleicht beim Lesen des Textes und nach nochmaligem Überlegen von unserer Betrachtungsweise überzeugen. Finden Sie aber auch dann unsere Interpretation der Abbildung für nicht nachvollziehbar oder gänzlich falsch, so würden wir uns sehr freuen, wenn Sie uns** Ihre Anmerkungen zu den Rednerhaltungen zusenden würden.

---

* Hierzu empfehlen wir dem interessierten Leser »Körpersprache verstehen« (Bd. 590), erschienen im Humboldt-Taschenbuchverlag, München.

** Anschrift der Autoren: siehe Seite 8.

Was fällt Ihnen spontan zu dieser Redehaltung ein? Weckt der Redner so Ihr Interesse?

(Notieren Sie bitte Ihre Beobachtungen jeweils in die punktierten Linien.)

. . . .

. . . .

. . . .

. . . .

. . . .

. . . .

HALTUNGSANALYSE:

Die auf dem Rücken verschränkten Arme und Hände sollen Ihnen das Rückgrat stärken und mehr Sicherheit geben. Gewöhnen Sie sich aber eine derartige Sprechhaltung nicht an! Wie Sie selbst sehen, wirkt sie unnatürlich, steif und verkrampft. Die Arme sehen wie amputiert aus. Dies vermittelt beim Zuhörer sofort den Eindruck, Sie seien hilflos und selbstverständlich ohne Schwung.

► Die Arme verstecken zu wollen, weil man nicht weiß, wo man sie während eines Vortrags lassen soll, ist für Anfänger eine verständliche Verlegenheitslösung. Aber locker herabhängende Arme und Hände, die Sie anfangs noch nicht wirkungsvoll einsetzen können, machen sich auf jeden Fall besser als der Versuch, die Hände hinter dem Rücken zu verstecken.

Was fällt Ihnen spontan zu dieser Redehaltung ein? Weckt der Redner so Ihr Interesse?

(Notieren Sie bitte Ihre Beobachtungen jeweils in die punktierten Linien.)

. . . .

. . . .

. . . .

. . . .

. . . .

. . . .

HALTUNGSANALYSE:

Hier hat der Redner die Hände schon hinter dem Rücken hervorgeholt und ersatzweise am Revers »befestigt«. Ähnliche Haltungen kennt man von bayerischen Trachtentänzen, bei denen sich die Tänzer an ihren ledernen Hosenträgern festhalten. Dies sieht burschikos und urtümlich aus, überzeugt aber nur bei einer Nationaltracht und nicht im Anzug. Als »gstandenes Mannsbild« brauchen Sie vor Publikum wohl nicht zu wirken. Daher erscheint das Festhalten am Revers eher als ulkige Geste und ist auf keinen Fall für Sie vorteilhaft.
Unser Redner gibt auch ein positives Beispiel; er steht mit seinem gleich verteilten Gewicht auf beiden Beinen. Dieser Stand verleiht den Eindruck von Stehvermögen, auch Durchstehvermögen in schwierigen Situationen, auch Durchsetzungsvermögen.

► Achten Sie deshalb darauf, daß Sie Ihr Gewicht nicht abwechselnd von einem Bein auf das andere verlagern, sondern konstant beide Beine gleich belasten.

Eine Haltung, bei der Sie nur ein Bein belasten, sieht windschief aus. Dies mag zwar weniger steif aussehen, ist jedoch vor einem großen Zuhörerkreis kaum empfehlenswert. Wenn Sie in kleiner Runde auf dem Gang zusammenstehen, ist eine solche Haltung schon eher möglich.

Was fällt Ihnen spontan zu dieser Redehaltung ein? Weckt der Redner so Ihr Interesse?

. . . .

. . . .

. . . .

. . . .

. . . .

. . . .

HALTUNGSANALYSE:

Diese Armhaltung wirkt immer abweisend. Mit den vor der Brust verschränkten Armen zeigen Sie deutlich Ihre Abwehrstellung. Sie schützen sich vor Angriffen und möchten hier nicht in das Geschehen einbezogen werden. Andere könnten diese Armhaltung als arrogant deuten. Der Betreffende möchte sich hier nicht mit den anderen auf eine Stufe stellen; er hört reserviert zu, über was die anderen sich ereifern. Eine Sprechhaltung ist dies auf gar keinen Fall. Denn mit dieser Haltung schaffen Sie es nie, eine Beziehung zu Ihren Zuhörern herzustellen. So abweisend, wie Sie die Zuhörer allein durch Ihre Haltung behandeln, wird Ihnen das Auditorium weder Offenheit noch Interesse entgegenbringen.

Was fällt Ihnen spontan zu dieser Redehaltung ein? Weckt der Redner so Ihr Interesse?

. . . .

. . . .

. . . .

. . . .

. . . .

. . . .

HALTUNGSANALYSE:

Dagegen empfinden wir diese Haltung des Redners schon ganz anders. Die offenen Arme laden ein, begrüßen und wirken freundlich. Der Redner benutzt jetzt seine Arme als zielgerichtete Geste, um seinen Text zu betonen. Der Redetext könnte in dieser Situation lauten: »Ich darf Sie im Namen der XY-Gesellschaft hier begrüßen« oder »Meine Damen und Herren, vor uns liegt ein Markt mit enormen Wachstumsaussichten. Unsere Gesellschaft ist gerüstet« oder »Abschließend möchte ich Sie alle herzlich einladen, auch bei unserem nächsten Ideenwettbewerb mitzumachen. Sie sehen ja, es hat sich gelohnt«.

► Bei derartigen Gesten müssen Sie nur darauf achten, daß Sie den Blickkontakt zum Publikum nicht verlieren. Es zerstört Ihren ganzen Redeaufbau, wenn Sie Ihre eigenen Gesten beobachten.

Denn die Augen aller Zuhörer werden Ihrem Blick unwillkürlich folgen, werden natürlich vor Ihren Füßen nichts von Interesse entdecken und unbewußt enttäuscht sein. Außerdem können die Zuhörer in dieser Zeit der Ablenkung Ihren Worten nicht folgen.
Wenn Sie die Geste als unterstreichendes Mittel einsetzen, den Blick aber bei den Zuhörern lassen, so nimmt der Zuhörer die Geste im Unterbewußtsein wahr. Seine Phantasie ist beflügelt, er stellt sich zum Beispiel den »großen Markt« vor, der auf die Gesellschaft zukommt.

Was fällt Ihnen spontan zu diesen Redehaltungen ein? Weckt der Redner so Ihr Interesse?

. . . .

. . . .

. . . .

. . . .

. . . .

. . . .

HALTUNGSANALYSE:

Auch hier erläutert der Redner seine Ausführungen gleichzeitig optisch mittels einer Arm- und Handhaltung. Die gesprochenen Worte könnten etwa so lauten: »Lassen Sie uns das Marktsegment sichern durch innovative Produkte. Daß wir diesen Schritt gewagt haben, bedeutet die Sicherung von Arbeitsplätzen für die nächsten fünf Jahre.« Selbstverständlich bleibt auch hier wieder der Blick beim Publikum.

Verwenden Sie jedoch nicht zu viele Gesten, denn dann verwischen Sie leicht den einzelnen untermauernden Eindruck einer Bewegung, und das Publikum kann nicht unterscheiden, was an Ihrer Rede wirklich wichtig war.

- ► Untermalen Sie gezielt die wichtigen Passagen des Vortrags mit einer Geste, so erreichen Sie einen willkommenen Bekräftigungseffekt.
  Wie gesagt, die Gesten müssen der verbalen Aussage entsprechen und die Bedeutung des Wortes unterstreichen. So wäre beispielsweise die nebenstehende Geste zur Begrüßung der Zuhörer völlig unpassend.
- ► Achten Sie auch darauf, daß Sie die Bewegung mit dem gesprochenen Wort zeitgleich ausführen. Plazieren Sie die Geste vor dem entscheidenden Wort (zum Beispiel, weil Sie noch um den treffenden Ausdruck ringen), so können die Zuhörer noch nichts damit anfangen, werden irritiert. Gleiches gilt für den verspäteten Gesteneinsatz.

Was fällt Ihnen spontan zu dieser Redehaltung ein? Weckt der Redner so Ihr Interesse?

. . . .

. . . .

. . . .

. . . .

. . . .

. . . .

HALTUNGSANALYSE:

Wenn Sie sich vor dem Zuhörerkreis so pathetisch aufführen, werden die Zuhörer zur Zuschauermenge. Denn Ihre akrobatischen Vorführungen erinnern mehr an eine Fechtszene als an einen sachlichen Vortrag. Ein sachlicher Vortrag muß nicht langweilig ausfallen; Schauspielkunst ist aber auch fehl am Platz. Sonst entziehen Sie einem Fachvortrag die sachliche und fundierte Basis. Außerdem ist ein Anzug für derart dramatische Gesten eine denkbar ungünstige Bekleidung. Wie Sie erkennen, gerät ein Jacket bei derartigen Vorführungen völlig aus der Kontrolle.

Was fällt Ihnen spontan zu dieser Redehaltung ein? Weckt der Redner so Ihr Interesse?

. . . .

. . . .

. . . .

. . . .

. . . .

. . . .

HALTUNGSANALYSE:

Wenn Sie sich vor Zuhörern immer als zu klein und unbedeutend vorkommen sollten, so versuchen Sie nicht dadurch größer zu werden, daß Sie sich auf die Zehenspitzen stellen. Wer so steht, gibt deutlich zu erkennen, daß er mehr gelten möchte, als er ist, und daß er hoch hinaus will. Dieses Persönlichkeitsbild wird durch eine ständige »Wippbewegung« auf den Zehenspitzen verstärkt. Die deutliche Darstellung, daß man über den Dingen und Personen stehen möchte, verrät die Überheblichkeit der Argumentation, die Arroganz des gesamten Denkens. Wer sich so selbstherrlich in Pose hebt, ist von Vorurteilen anderen gegenüber belastet. Daher wirkt eine derartige Rednerhaltung alles andere als sympathisch und wird von dem Zuhörerkreis instinktiv abgelehnt.

Was fällt Ihnen spontan zu diesen Redehaltungen ein? Weckt der Redner so Ihr Interesse?

. . . .

. . . .

. . . .

. . . .

. . . .

. . . .

HALTUNGSANALYSE:

Aber wohin nun wirklich mit den Beinen und Armen während der Rede?

- ▶ Die Beine stehen fest auf dem Boden, etwa in einem 45°-Winkel, der nach vorne offen ist, gespreizt. Dabei werden beide Beine gleichmäßig belastet. Die Arme winkeln Sie leicht an und legen die Hände ungefähr auf der Höhe des Bauchnabels locker ineinander.

Wenn Sie diese »Grundstellung« einnehmen, ist schon einmal die Gefahr gebannt, daß Sie während der Rede mit den Händen unkontrolliert herumfuchteln, was Ihrer Überzeugungskraft bestimmt nicht sehr zuträglich wäre.

- ▶ Sie können auch, um Ihre Redehaltung nicht monoton werden zu lassen, den einen Arm zur Abwechslung locker hängen lassen, während Sie mit dem anderen Arm (etwa im 90°-Winkel) in Bauchhöhe Ihre Rede akzentuieren.

Was fällt Ihnen spontan zu dieser Redehaltung ein? Weckt der Redner so Ihr Interesse?

. . . .

. . . .

. . . .

. . . .

. . . .

. . . .

HALTUNGSANALYSE:

Keinesfalls sollten Sie jedoch, wenn Ihnen ein Rednerpult zur Verfügung steht, sich in einer Form über das Pult legen, als ob Sie eine Stütze dringend nötig hätten. Der Redner unserer Abbildung lümmelt sich über das Pult. Er nimmt bei einer derartigen Körperhaltung das Publikum nicht ernst, er achtet es nicht. Sie dürfen zwar Ihre Hände am Rand des Pultes ablegen, nie sollte es jedoch aussehen, als würden Sie sich hinter dem Pult zu verstecken suchen. Das Pult hilft Ihnen das Manuskript abzulegen und Ordnung innerhalb der Manuskriptseiten zu bewahren.

- ▶ Legen Sie Ihr Manuskript so ab, daß Sie immer wieder leicht den roten Faden finden, ohne Ihren Text komplett abzulesen. Nach Möglichkeit sollten Sie mit dem Redetext so weit vertraut sein, daß Sie auch einige Passagen frei vortragen können, je mehr desto besser.

Nur routinierte Redner können es sich zutrauen, gut formulierte Sätze vorzutragen, die sich ausnahmslos auf ihr Stichwortverzeichnis oder sogar nur auf ihr Gedächtnis stützen. Seien Sie getröstet, wenn Ihnen das so perfekt noch nicht gelingt. Sie müssen dann aber Ihren Redetext zu Hause gut ausfeilen und gut einüben, so daß Ihre Rede nicht abgelesen wirkt.

- ▶ Um den Text des Manuskriptes während der Rede (z. B. nach einem Zwischenruf) schnell wieder zu erfassen, muß nicht nur der Redetext mit großen Buchstaben und großem Zeilenabstand geschrieben sein. Auch die Pulthöhe sollte stimmen.

Vermeiden Sie, daß Sie sich gebückt über das Pult neigen müssen, um den Redetext zu identifizieren. Natürlich dürfen Sie auch nicht hinter dem Pult fast vollkommen verschwinden. Ein gut eingestelltes Pult reicht ungefähr bis zur Höhe des Magens.

Was fällt Ihnen spontan zu dieser Redehaltung ein? Weckt der Redner so Ihr Interesse?

. . . .

. . . .

. . . .

. . . .

. . . .

. . . .

HALTUNGSANALYSE:

Selbst wenn Ihnen für Ihre Aufgabe ein Pult angeboten wird, sollten Sie sich überlegen, ob Sie nicht bei entsprechend guter Kenntnis des Redetextes einen Weggang vom Pult wagen können.

► Stellen Sie sich während des Vortrags auch einmal neben das Pult. Dies ruft beim Zuhörer einen unkonventionellen und dynamischen Eindruck hervor. Sie halten sich nicht an vorgegebene und als unumgänglich angesehene Prinzipien, sondern gehen aus Ihrer Deckung heraus mit neuartigen Methoden die Probleme an und auf die Menschen zu.

Vorsicht allerdings, wenn Sie in einem großen Saal sprechen und ein Mikrophon zu Hilfe nehmen müssen. Denn dann können Sie bei einem Tritt neben das Pult leicht den Mikrophonbereich verlassen.

★

► Damit Gesten natürlich wirken, sollte Ihr Körper gelockert sein. Ein paar Entspannungsübungen vor der Rede, irgendwo, wo Sie unbeobachtet sind, helfen dabei. Armekreisen, Beineschwingen und ein paar Kniebeugen reichen dabei völlig aus.

Möchten Sie darüber hinaus Ihren Körper besser zu kontrollieren lernen, versuchen Sie es einmal mit der folgenden Übung:

► Bringen Sie Ihren Körper aus völliger Ruhelage durch den gezielten Einsatz einzelner Muskeln in absolute Spannung, so, als wollten Sie über einen breiten Fluß springen.

► Am besten läßt sich die Wirkung einzelner Gesten zu Hause vor dem Spiegel üben. So werden Sie die anfängliche Unsicherheit leicht überwinden. Beginnen Sie deshalb lieber mit nur wenigen zurückhaltend eingesetzten Gesten, und steigern Sie den Einsatz mit zunehmender Routine und Erfahrung.

Sie können zwar gerade auf diesem Gebiet viel von geübteren Rednern lernen, Sie sollten dabei aber nie vergessen, Sie selbst zu bleiben. Was bei anderen Menschen harmonisch zum Gesamtbild paßt, kann bei Ihnen antrainiert erscheinen.

► Versuchen Sie also besser nicht, andere Menschen zu imitieren. Arbeiten Sie lieber darauf hin, die beobachteten positiven Akzente in Ihren eigenen Stil zu integrieren.

Das nachfolgende Schaubild soll Ihnen nochmals die wichtigsten Gesichtspunkte im Zusammenhang mit der Rede darstellen:

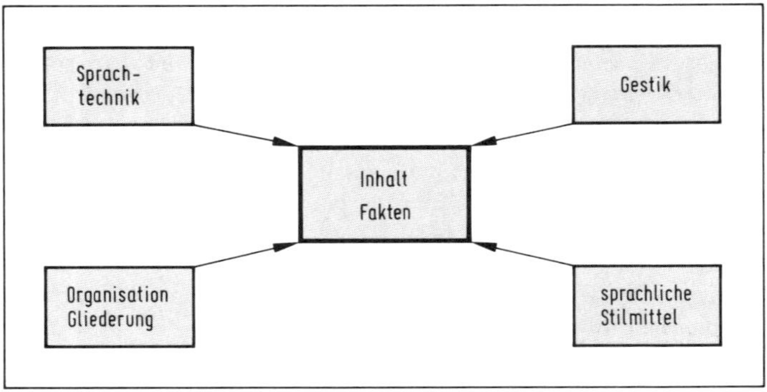

► Im Mittelpunkt jeder Rede steht der Inhalt. Er bildet die Substanz, das Fleisch und ist somit der Kernpunkt. Sie müssen die »nackten« Tatsachen so verpacken, daß Sie sie dem Publikum nahebringen können, daß sie anschaulich und verständlich werden. Damit erreichen Sie das von Ihnen gesteckte Ziel der Rede.

Eine schöne Verpackung ohne Inhalt bringt auf die Dauer nichts; das Auditorium merkt den Bluff. Aber es gilt eben auch umgekehrt: Nur wenn Ihr fundierter Inhalt richtig bearbeitet und verpackt ist, ergibt sich daraus eine erfolgreiche Rede.

Dabei ist zu beachten, daß Ihre Körpersprache nicht nur während der Rede für die Zuhörer/Zuschauer Signale setzt. Wichtig ist auch Ihr Verhalten, wenn Sie zum und vom Rednerpult gehen.

Ein dynamisch schneller Schritt mit in den Himmel zeigenden Fußspitzen, ein leicht nach oben gerichteter Blick sagen schon sehr viel über Sie aus. Die Zuhörergemeinde macht sich bereits hier ein Bild über Sie, und bei diesem Bild kommen Sie nicht sehr gut weg. Was wären Ihre eigenen Rückschlüsse als Zuhörer? Sie würden sich auch über diesen »aufgeblasenen« Angeber und »Möchte-Gern-Manager« ärgern.

▶ Schwenken Sie daher beim Betreten des Raumes nicht Ihren Aktenkoffer, sondern tragen Sie ihn in ruhiger Gangart zum Rednerpult, und wenden Sie bereits jetzt Ihre Blickrichtung zum Publikum, um den ersten Blickkontakt herzustellen.

Was für die Annäherung ans Rednerpult gilt, gilt übrigens auch sonst. Machen Sie sich bewußt, wie Sie morgens ins Büro oder zur Arbeitsstätte »schreiten«. Erregen Sie möglicherweise dabei schon den ersten Unmut Ihrer Kollegen, die Ihre Verhaltensweise als Arroganz deuten?

Diskussionstechnik

Was wir in den vorangegangenen Abschnitten über Inhalt und Verpackung der Argumente in einer Rede gesagt haben, trifft auch auf die Diskussion zu. Es gibt jedoch darüber hinaus noch eine Reihe weiterer Punkte zu beachten, die sich aus dem Wesen der Diskussion ergeben. Diskutieren ist ein Oberbegriff für viele Formen der Gesprächsführung. Dabei muß die Debatte nicht immer so geregelt und diszipliniert vor sich gehen, wie zum Beispiel der Austausch der Argumente bei der Fernsehsendung »Pro und Contra«. Bei letzterer sind, um für die gegnerischen Parteien gleiche Ausgangsbedingungen zu schaffen, sowohl die Redezeit als auch die Reihenfolge der Diskussionsbeiträge genau festgelegt.
Häufiger ergeben sich Diskussionen, sei es am Stammtisch oder auch im Büro, bei denen die Meinungsbeiträge völlig unkoordiniert durcheinanderlaufen. Oftmals setzt sich dann derjenige mit dem »stärksten Organ« durch und beansprucht die längste Redezeit.

Richtig diskutieren will gelernt sein: Kennzeichnend für eine Diskussion ist der Meinungsaustausch. Meist ist dieser Austausch mit dem Ziel verbunden, den anderen von der eigenen Meinung überzeugen zu wollen. Erfolgreiche Menschen verstehen es, anderen ihre Ansichten und Vorstellungen verständlich und »schmackhaft« zu machen, sie so zu erläutern, daß der andere sie nachvollziehen und für sich übernehmen kann. Das bedeutet dann, daß man wieder jemanden für eigene Ziele und Ideen gewonnen hat. Eine gute Diskussion schafft die Möglichkeiten dazu.

- Sofern es sich nicht um überraschende Diskussionen aus dem Stegreif handelt, sollten Sie sich auf Diskussionen immer gut vorbereiten. Meistens ist der Termin, wie bei Geschäftsbesprechungen etwa, schon einige Zeit im voraus bekannt. Die Zeit nutzen heißt, die Argumente, die man vorbringen möchte, zu sammeln, nach der Gewichtung zu sortieren und dann eine Rangordnung zu erstellen.

- Während der Diskussion sollten Sie sich zu keinem Zeitpunkt provozieren lassen und nie aus der Fassung geraten. Dies würde dem Diskussionspartner – vielleicht sehen Sie ihn dann eher als Diskussionsgegner – beim unbeteiligten Zuschauer oder unentschlossenen Stimmberechtigten nur Pluspunkte bringen.

- Argumentieren Sie sachlich und ruhig. Greifen Sie andere Diskussionsteilnehmer nur sachlich und themenbezogen an, nie persönlich.

Denn auch dies würde beim Zuhörer immer Sympathien für den Angegriffenen wecken, die Sie ja eigentlich vermeiden wollen. Sie erweisen sich mit polemischen, unsachlichen Angriffen einen schlechten Dienst.

- Vertrauenskredit können Sie aber gewinnen, wenn Sie andere, die bisher noch nicht zu Wort gekommen sind, in die Diskussion miteinbeziehen. Das gelingt zum einen dadurch, daß man einzelne Personen gezielt anspricht, zum anderen dadurch, daß Sie Ihren Diskussionsbeitrag mit einer Frage beenden. Letzteres gibt anderen gezielt die Chance, darauf zu antworten.

Noch in anderer Hinsicht arbeitet diese Methode für Sie, denn der Angesprochene muß sich aufgrund der Frage noch einmal mit Ihrer Beweisführung auseinandersetzen und darauf antworten. Das bedeutet, daß dem Zuhörer Ihr Beitrag unwillkürlich noch einmal ins Gedächtnis gerufen wird. Es gibt dem Dritten auch die Möglichkeit, Ihnen beizupflichten (wieder ein Pluspunkt für Sie!). Tut er das nicht, und fällt seine Erwiderung dürftig aus, haben Sie ebenfalls an Boden gewonnen.
Es ist oftmals in einer Diskussionsrunde bedeutsam, wer den ersten Diskussionsbeitrag abgibt. Dadurch läßt sich die grundsätzliche Richtung, in die eine Diskussion geht, vorherbestimmen. Dies funktioniert selbstverständlich nur dann, wenn nicht der Vorgesetzte zu Beginn der Diskussion einen kurzen Abriß über die gegenwärtige Situation, die den Ausgangspunkt der Diskussion darstellt, abgibt und dann das Wort gezielt an einen Diskussionsteilnehmer richtet. In diesem Fall wäre es selbstverständlich verhängnisvoll, das Wort an sich zu reißen.
Eine weitere Diskussionstaktik besteht in der direkten Anknüpfung an den vorausgegangenen Diskussionsbeitrag. Die Einleitung »wenn ich Sie richtig verstanden habe« plus Wiederholung der Kernaussage Ihres Vorredners hat zwei positive Effekte:

1. Sie können sicherstellen, daß die Aussage tatsächlich richtig von Ihnen verstanden wurde und daß damit die Gefahr des Aneinandervorbeiredens ausgeschlossen wird.

2. Sie geben Ihrem Vorredner das Gefühl, daß sein Beitrag ernstgenommen wird und Sie bemüht sind, ihn zu verstehen. Dies schafft ein positives Gesprächsklima.

Dazu wieder zwei Beispiele:

»Wenn ich Sie richtig verstanden habe, Herr Weber, sehen Sie in der verstärkten Rationalisierung die einzige Möglichkeit, um dem stärker werdenden Wettbewerbsdruck entgegenzuwirken. Auch ich halte die Rationalisierung für eine wichtige Maßnahme, bitte jedoch zu bedenken, daß dies nur in ständigem Zusammenwirken mit der Aus- und Weiterbildung unseres Mitarbeiterstammes zum Erfolg führen kann.«

»Ich glaube, das, was Frau Vetter gerade gesagt hat – daß die Klassenstärke an unseren Schulen immer noch zu groß ist – das umreißt das Kernproblem aller unserer Schwierigkeiten. Daran anknüpfend sollten wir uns jetzt fragen, welche Möglichkeiten wir haben, für dieses Problem Abhilfe zu schaffen.«

Gerade im letzten Beispiel wird deutlich, wie Sie durch das Wiederholen und Zusammenfassen bisheriger Diskussionsbeiträge den weiteren Verlauf der Diskussion lenken können. Sie spielen sich dadurch unbemerkt auch in die Rolle des Diskussionsleiters.

Oftmals stellt es aber überhaupt schon ein Problem dar, im richtigen Moment zu Wort zu kommen. Wenn Sie gerade anfangen wollen zu reden, war ein anderer schon schneller und reißt das Wort an sich.

► Damit auch Sie die Chance erhalten, das zu sagen, was Sie wollen, sollten Sie versuchen im entscheidenden Augenblick die Aufmerksamkeit auf sich zu lenken und Ihren beabsichtigten Redeeinsatz anzukündigen. Dazu gibt es eine Reihe von Möglichkeiten; eine oft verwendete ist das Räuspern.

Wirkungsvoll lassen sich auch Körpersignale einsetzen, also Gestik und Mimik. Kleben Sie nicht zusammengekauert und ängstlich auf der vorderen Stuhlkante, sondern lehnen Sie sich entspannt, aber mit aufmerksamer Haltung zurück, wenn andere sprechen.

► Wollen Sie das Wort ergreifen, bewegen Sie Ihren Oberkörper dynamisch nach vorne und legen Ihre ausgestreckten Arme entschlossen auf den Tisch. Dieses Körpersignal zeigt für alle Gespächsteilnehmer deutlich Ihre Absicht an. Sind Sie Brillenträger können Sie zusätzlich noch die Brille in die Hand nehmen, was die Wirkung der Geste noch verstärkt.

Zuhörerhaltungen

Der Herr in der Mitte macht Anstalten, das Wort zu ergreifen, und lenkt damit die Aufmerksamkeit auf sich

MEMO

- Schieben Sie Entscheidungen nicht vor sich her.
  Sammeln und bewerten Sie Entscheidungskriterien, um auch für andere Ihre Entscheidung nachvollziehbar zu machen.
  Der Entscheidungsprozeß hilft Ihnen dabei.

- Da wir nicht allein auf der Welt sind, kommunizieren wir ständig. Kommunikation erfolgt über alle fünf Sinnesorgane. Nutzen Sie deshalb die volle Palette der Möglichkeiten.

- Lernen Sie reden. Klar gegliederter Inhalt, der dem Zuhörer verständlich und anschaulich vorgetragen wird, macht das Wesen einer guten Rede aus.
  Gestik und Mimik stellen einen wichtigen Bestandteil der Rede dar, sofern sie das gesagte Wort begleiten und unterstreichen.
  Werden Sie sich der Wirkung der Redner-Körpersprache bewußt.

- Diskutieren Sie sachlich, ohne Ihren Diskussionspartner persönlich anzugreifen. Dies würde Ihnen nur Antipathie bei den Zuhörern einbringen.
  Versuchen Sie durch geschickten taktischen Einsatz Ihrer Argumente, die Diskussion in die von Ihnen gewünschte Richtung zu lenken.

Sind Sie in der deutschen Sprache sattelfest?

Sprachgefühl und Sprachsicherheit im Umgang mit der deutschen Sprache sind wichtige Bestandteile eines Erfolgsprogramms. Klare und treffende Aussagen stellen für die Zusammenarbeit mit Kollegen, Vorgesetzten und Mitarbeitern und für den reibungslosen Arbeitsablauf eine wichtige Voraussetzung dar. Dies gilt in ganz besonderem Maße, wenn Sie in Ihrem Beruf viel beraten und kommentieren müssen. Je weiter Sie auf der Hierarchieleiter steigen, desto mehr müssen Sie Ihren Vorgesetzten in kurzen, leicht verständlichen Sätzen die wichtigsten Faktoren und Schlußfolgerungen vorzutragen wissen. Auch wenn Sie meinen, die Argumentationstechnik zu beherrschen, können Sie nicht Einwände Ihres Chefs mit den Worten abtun: »Der stellt sich aber an, der ist zu blöd, die einfachsten Zusammenhänge zu kapieren; oder will er mich nicht verstehen?«
Meistens handelt es sich bei unbefriedigenden Chef-Reaktionen nicht um fehlende Intelligenz des Vorgesetzten, sondern um Ihr Unvermögen, ihm die Zusammenhänge und Hintergründe klar zu machen.

Das kann vielerlei Ursachen haben:

- Sie drücken sich zu ungenau aus.
- Sie überlassen es der Ratefähigkeit des Chefs, die Kernpunkte herauszupicken.
- Sie benötigen für die einleitenden Bemerkungen zu lange, so daß beim Vorgesetzten die Geduld gerade dann zur Neige geht, wenn Sie zu den wichtigsten Punkten kommen.

In einem großen süddeutschen Unternehmen müssen einmal monatlich alle Direktoren in einem auf exakt fünf Minuten begrenzten Bericht die wichtigsten Entwicklungen in ihrem Bereich vortragen. Auf die Einhaltung des Zeitlimits wird streng geachtet. Ziel ist es, daß sich die Führungskräfte darüber klar werden, was Sie in einer derartigen Besprechung sagen wollen, welche Informationen notwendig sind, damit die nicht direkt mit der Materie Beschäftigten sich leicht eindenken können.

► Sie müssen über einen Wortschatz verfügen, mit dem Sie treffend das aussagen, was andere interessiert.

► Wenn Sie sich im Beruf treffsicher ausdrücken wollen, und dies ist unerläßlich, wenn es nicht zu folgenschweren Mißverständnissen oder zu einem Aneinandervorbeireden kommen soll, müssen Sie sich über die Bedeutung der Begriffe, die Sie verwenden, absolut sicher sein.

Dies gilt natürlich auch für die Worte, die Ihre Gesprächspartner verwenden.
Oftmals schmücken sich Personen damit, möglichst viele Fremdwörter in ihren Wortschatz aufzunehmen und die »Importe« so oft wie irgend möglich zu verwenden. Damit wollen sie beweisen, welch enormen Wortschatz sie besitzen oder daß sie in höheren wissenschaftlichen Kategorien zu denken gelernt haben. Andere, die sich diesem Wortschatz nicht gewachsen fühlen, werden eingeschüchtert.
Meistens hat aber ein derartiges Gebaren für die betreffenden Personen nur negative Auswirkungen, denn die wenigsten können bei derartigen Fremdwortballungen mithalten, und die Kommunikation reißt schlichtweg ab.
Das heißt aber wiederum nicht, daß Sie kein »Fachchinesisch« benötigen. Denn sicherlich ist es Ihnen schon so gegangen, daß Sie auf eine Bemerkung eines Kollegen oder Verhandlungspartners nicht antworten konnten. Sie konnten deshalb nicht antworten, weil Ihnen die Bedeutung eines einzigen Wortes nicht geläufig war und Sie deshalb, manchmal sogar auf sehr peinliche Weise, schweigen mußten. Sie hätten sonst riskiert in die vollkommen falsche Richtung zu »galoppieren« und sich dadurch der Lächerlichkeit auszusetzen.

It's Test Time

Suchen Sie zu dem vorgegebenen Begriff das Antonym, also das Wort mit der gegenteiligen Bedeutung:

1 Mitläufer – ?

a) Gegner **b)** Konkurrent **c)** Querulant **d)** Anführer

In unserem obigen Beispiel ist das Antonym zu *Mitläufer der Anführer.* Wenn Sie beim Lösen Schwierigkeiten hatten, überlegen Sie sich, was Sie mit dem Wort *Mitläufer* verbinden: Da wären Eigenschaften, wie *unselbständig, willensschwach, kleinlaut und unauffällig.* Das Gegenteil dieser Eigenschaften wäre *selbständig, willensstark, dominierend und im Vordergrund stehend.* Alle diese Eigenschaften lassen sich nur auf das Wort »Anführer« übertragen.

Einige weitere Beispiele (Lösungen siehe Seite 104):

---

2 labil –?
a) selbstbewußt b) charakterfest c) stabil d) erfahren

3 Chaos –?
a) Ordnung b) Konzentration c) Disziplin d) Realität

4 dynamisch –?
a) beharrlich b) unbewegt c) stationär d) unbeschwingt

5 Mut –?
a) Faulheit b) Feigheit c) Verrat d) Schüchternheit

Bei der nächsten Übung geht es um die Suche nach dem Synonym, also dem Wort, das dem gegebenen Wort in der Bedeutung am nächsten kommt:

---

6 Souvenir –?
a) Siegeszeichen b) Erinnerungsstück c) Trophäe d) Geschenk

7 Vergütung –?
a) Honorar b) Geld c) Prozent d) Alkohol

8 Relikt –?
a) Vergehen b) Glaube c) Überbleibsel d) Pfand

9 Aversion –?
a) Abneigung b) Elend c) Trauer d) Verzweiflung

10 Revision –?
a) Teilung b) Vergeltung c) Überprüfung d) Umsturz

Wir stellen Ihnen jetzt zwei Wörter vor, die eine bestimmte Beziehung zueinander haben. Diese Beziehung sollen Sie auf ein anderes Wortpaar übertragen, wobei ein Wort bereits vorgegeben ist:

---

11 Schiene – Eisenbahn
Wasser – ?
a) Transport b) Schiff c) Hafen d) Passagier

12 **fliegen – landen**
autofahren –?
a) abbiegen **b)** stoppen **c)** hängenbleiben **d)** abbremsen

13 **Buch – Rezension**
Film –?
a) Diffamierung **b)** Kritik **c)** Vorspann **d)** Musik

14 **Luftdruck – Höhe**
Frequenz –?
a) Radio **b)** Wellenlänge **c)** Sender **d)** Spannung

15 **Fluß – Furt**
Gebirge –?
a) Seilschaft **b)** Quelle **c)** Paß **d)** Gipfel

Wir stellen Ihnen jetzt eine Reihe von Begriffen vor, bei denen einer nicht zu den übrigen paßt. Ihre Aufgabe besteht darin, diesen Begriff zu finden.
Beispiel:

---

16 **a)** Film **b)** Tonband **c)** Plattenspieler **d)** Diskette
e) Kassette

Haben Sie bereits eine Lösung? Wenn nicht, noch ein kleiner Tip: Versuchen Sie einen möglichst eng gefaßten Oberbegriff zu finden, unter den sich lediglich vier der vorgegebenen fünf Begriffe fassen lassen. Die Lösung ist *c) Plattenspieler.* Bei allen anderen vier Begriffen handelt es sich um Medien zur Aufbewahrung und zur Speicherung von Bild/Ton. Es sind damit alles Speichermöglichkeiten. Lediglich der Plattenspieler ist ein Abspielgerät.

---

17 **a)** Kissinger **b)** Churchill **c)** Adenauer **d)** Chruschtschow
e) Mao Tse Tung

18 **a)** einkaufen **b)** verkaufen **c)** annektieren **d)** stehlen
e) in Verwahrung nehmen

19 **a)** Zuckerrüben **b)** Zwiebeln **c)** Mohrrüben **d)** Radieschen
e) Erbsen

20 **a)** Zigarren **b)** Opium **c)** Alkohol **d)** Marihuana
e) Zigarillo

21 **a)** Koffer **b)** Tasche **c)** Eimer **d)** Truhe
e) Rucksack

22 **a)** Leber **b)** Niere **c)** Lunge **d)** Herz **e)** Hals

23 **a)** Schnee **b)** Regen **c)** Hagel **d)** Graupel **e)** Schneeschauer

24 **a)** Habicht **b)** Adler **c)** Geier **d)** Drossel **e)** Bussard

25 **a)** Tinte **b)** Bote **c)** Federhalter **d)** Briefpapier **e)** Umschlag

26 **a)** alarmierend **b)** informierend **c)** bestürzend **d)** erschreckend **e)** aufrüttelnd

---

Ergänzen Sie die nachfolgenden Sätze. Vier Lösungsmöglichkeiten werden Ihnen jeweils vorgeschlagen, wobei Sie die Version wählen sollen, die den Satz sowohl inhaltlich als auch sprachlich am besten ergänzt.

Beispiel:

---

27 **Die neuen Stoppuhren täuschten bei der Zeitmessung eine .... vor, die in keiner Weise gegeben war.**

a) Sicherheit **b)** Genauigkeit **c)** Prägnanz **d)** Objektivität

---

Die Lösung heißt in diesem Fall *b) Genauigkeit.* Diese Übung zum Sprachgefühl überprüft einerseits Ihr Wissen um die Bedeutung der zur Auswahl gestellten Wörter, andererseits bei verschiedenen Sätzen Ihr Klangverständnis. Bei diesen Sätzen ist nicht genau festgelegt, welche Lösungsalternative fachlich richtig ist:

---

28 **Die Teilnahme der Sportler an den Europäischen Meisterschaften war von einem tragischen Ereignis......**
a) begleitet **b)** überschattet **c)** gekrönt **d)** gekennzeichnet

29 **In der Elektrizität gilt der Grundsatz, daß sich gleichnamige Ladungen......**
a) abweisen **b)** abstoßen **c)** bekämpfen **d)** voneinander entfernen

30 **Auch in diesem Jahr ... die Urlaubswelle Tausende von Todesopfern auf unseren Autobahnen.**
a) verlangte **b)** brachte **c)** forderte **d)** erzeugte

31 **In manchen Restaurants wird zum Essen eine Kerze angezündet, da dies ...... wirkt.**
a) beruhigend **b)** romantisch **c)** lebendig **d)** sentimental

32 Die Empfangsdame war dem Gast sehr ......
a) angenehm **b)** hilfsbereit **c)** sympathisch **d)** gewissenhaft

---

(Lösungen, siehe Seite 104.)

★

Immer wieder wird die Klage über einen zunehmenden Mangel an Rechtschreibkenntnissen bei vielen Mitarbeitern laut. Groß- und Kleinschreibung, Silbentrennung und Zeichensetzung stellen dabei die Hauptprobleme dar. Sie werden aus Ihrem eigenen Beruf selbst wissen, wie oft Ihnen beim Schreiben schon ernste Zweifel gekommen sind, wie das eine oder andere Wort getrennt werden soll, ob jetzt ein Komma gesetzt werden muß oder darf?

Beherrschen Sie die deutsche Sprache in Wort und Schrift, ohne sich durch gravierende Fehler bloßzustellen? Lesen Sie sich den folgenden Text durch, und unterstreichen Sie die gefundenen Fehler.

Franz hatte aufgrund hoher Späkulationen wieder ein Mal finanz-
ielle Schwierigkeiten. Er sagte zu sich selbst: "Das beste wird es
sein, wenn ich mich mit bezug auf unsere gemeinsame Schulzeit an
meinen Freund Eduard wende. Er wäre gewis der Lezte, der mich mit
meinen Nöten allein lassen würde". Gesagt getan, gleich Abends kam
Franz mit seinem Auto bei Eduard vorgefahren. Dieser zeigte sich
nicht besonders überrascht denn es war nicht das erste mal, das
sich Franz als es ihm schlecht ging, blicken ließ. Allzuoft hatte
Franz schon von neuen gut gehenden Geschäften erzählt, die sich dann
kurzer Hand wider als Flopp erwiesen.
Eduard zeigte sich immer hilfsbereit und hörte sich Abenden lang
Franzens Beteierungen an, daß Geld sobald wie möglich mit Zins
und Zinseszins zurück zu bezahlen. Die Darlehen hatten zwischenzeit-
lich Dimensionen angenommen, die selbst für den Herzens guten Franz
zu hoch waren. Einmal musste Schluß sein und so wollte er heute den
ständigen Forderung endlich einhaltgebieten.

Dieser Text enthält zusätzlich noch einen Sinnfehler. Welchen?

Sinnfehler:
Im letzten Textabschnitt wurden die Namen verwechselt: Nicht Franz, sondern Eduard werden die ständigen Geldforderungen von Franz zu hoch.

Wie viele Fehler haben Sie gefunden?
Falls Sie nicht auf 28 Fehler kommen, nachfolgend nochmals der Text jedoch richtig geschrieben:

Franz hatte aufgrund hoher Spekulationen wieder einmal finanzielle Schwierigkeiten. Er sagte zu sich selbst: "Das Beste wird es sein, wenn ich mich mit Bezug auf unsere gemeinsame Schulzeit an meinen Freund Eduard wende. Er wäre gewiß der Letzte, der mich mit meinen Nöten allein lassen würde."
Gesagt getan, gleich abends kam Franz mit seinem Auto bei Eduard vorgefahren. Dieser zeigte sich nicht besonders überrascht, denn es war nicht das erste Mal, daß sich Franz, als es ihm schlecht ging, blicken ließ. Allzuoft hatte Franz schon von neuen gutgehenden Geschäften erzählt, die sich dann kurzerhand wieder als Flopp erwiesen.
Eduard zeigte sich immer hilfsbereit und hörte sich abendelang Franzens Beteuerungen an, das Geld sobald wie möglich mit Zins und Zinseszins zurückzubezahlen. Die Darlehen hatten zwischenzeitlich Dimensionen angenommen, die selbst dem herzensguten Eduard zu hoch waren. Einmal mußte Schluß sein, und so wollte er heute den ständigen Forderungen endlich Einhalt gebieten.

★

In der letzten Übung zur Rechtschreibung stellen wir Ihnen zwei unterschiedliche Schreibweisen desselben Wortes vor. Entscheiden Sie, welche Schreibweise stimmt:

33 **a)** kumulieren **b)** kummulieren

34 **a)** Mystik **b)** Mysthik

35 **a)** paralell **b)** parallel

36 **a)** Gespür **b)** Gespühr

37 **a)** Artellerie **b)** Artillerie

38 **a)** Triko **b)** Trikot

LÖSUNGEN:

1d	6b	11b	16c	21d	26b	31b	36a
2c	7a	12b	17a	22e	27b	32b	37b
3a	8c	13b	18b	23b	28b	33a	38b
4b	9a	14b	19e	24d	29b	34a	
5b	10c	15c	20c	25b	30c	35b	

Geistige Flexibilität

Ob im Beruf oder zu Hause, immer werden Sie mit Problemen konfrontiert werden, mit denen Sie sich bis zu diesem Zeitpunkt noch nicht beschäftigt hatten. Wir spielen jetzt nicht auf Aufgabenstellungen an, die nur mit ganz speziellen Fachkenntnissen zu bewältigen sind. Vielmehr handelt es sich um Alltagsprobleme, die mit gesundem Menschenverstand gelöst werden müssen.

Ein schnelles Reaktionsvermögen ist hierbei ganz besonders vonnöten: Von einem Mitarbeiter überraschend zu einem Problem befragt, müssen Sie Stellung nehmen. Betrachten Sie dabei möglichst nie eingefleischte Denkweisen als Ideallösung; vermeiden Sie stereotype Redefloskeln und Argumentationsschemata.

Betrachten Sie vielmehr jedes anstehende Problem ganz speziell für sich. Dazu müssen Sie selbstverständlich den Vorgang vollständig kennen und die Tragweite Ihrer Entscheidung abschätzen. Welche Auswirkungen hat es, wenn ich so entscheide, und welche alternativen Lösungen gibt es? Immer werden Sie jedoch in derartigen Situationen Reaktionsschnelle und eine gute Auffassungsgabe benötigen, um die momentane Situation mit ihren Erfordernissen zu überblicken.

Viele Menschen versuchen, anstehende Sachfragen in eine bestimmte Kategorie einzuordnen, in eine Kategorie von Problemen, die bereits einmal aufgetreten sind. Man sucht dann dort nach den Lösungsmustern. Ein solches Verhalten ist dann noch verständlich, wenn Personen an einem Arbeitsplatz noch neu und unerfahren sind (dann orientiert man sich gern an bereits vorgegebenen Verhaltens- und Entscheidungsbeispielen). Es gibt aber auch die Kategorie der Mitarbeiter, die über dieses Stadium nie herauskommen und bei jedem anstehenden Problem nach Schema »F« vorgehen. Zum Erfolg führt ein solches Verhalten bestimmt nicht. Deshalb: Sobald man sich in einem Bereich eingearbeitet hat, sollte man sich daran machen, die Zusammenhänge für sich transparenter zu machen, so daß man in der Lage ist, frühere Verfahren kritisch zu hinterfragen und sie nicht kritiklos zu übernehmen.

Dazu wieder ein Fallbeispiel:

Herr F. konnte die ihm gestellten Aufgaben alle sehr gut erledigen und brachte dabei auch keine schlechten Lösungsvorschläge. Der einzige Nachteil, der ihm die Arbeit von Grund auf verleidete, war die Tatsache, daß er die Gewichtigkeit und Dringlichkeit anstehender Entscheidungen nicht erkennen konnte. Es gelang ihm nicht festzustellen, welche Entscheidungen mit welcher Priorität zu treffen waren: Ob man in einem Fall lieber erst noch weitere Informationen einholen sollte, ob die Entscheidung, selbst wenn noch Informationen fehlten, sofort getroffen werden mußte, um Schlimmeres zu verhindern. Für diese Konstellationen gab es kein Patentrezept; dazu waren die einzelnen anstehenden Probleme zu verschieden gelagert und forderten den Betroffenen auch in ganz unterschiedlicher Weise. F.s Problem war mangelnde geistige Flexibilität.

Wir stellen Ihnen nachfolgend einige Übungen vor, Übungen, die Sie in dieser Form höchstwahrscheinlich bei Ihrer Arbeit nicht antreffen werden. Ziel dieser Aufgaben ist es, Ihre geistige Flexibilität zu prüfen und zu verbessern. Lesen Sie sich jeweils die Aufgabenstellung in aller Ruhe durch.

It's Test Time

TEST I:

Mit der ersten Aufgabe können Sie Ihre Kombinationsfähigkeit testen. Eine Bildvorlage wurde in einzelne Teile zerschnitten, und die einzelnen Bildteile wurden in einem anderen Maßstab wieder abgebildet.

Ordnen Sie die mit Zahlen bezeichneten Bildausschnitte den mit Buchstaben gekennzeichneten Bildteilen in der Vorlage zu. Tragen Sie die gefundene Lösung unter dem Bild in den Freiraum ein (Lösungen, siehe Seite 120).

1

A

B

C

D

E

F

1

2

3

4

5

6

Lösung: A ... / B ... / C ... / D ... / E ... / F ...

2

A

B

C

D

E

F

1

2

3

4

5

6

Lösung: A ... / B ... / C ... / D ... / E ... / F ...

3

A

B

C

D

E

F

G

H

1

2

3

4

5

6

7

8

Lösung: A ... / B ... / C ... / D ... / E ... / F ... / G ... / H ...

4

A

B

C

D

E

F

1

2

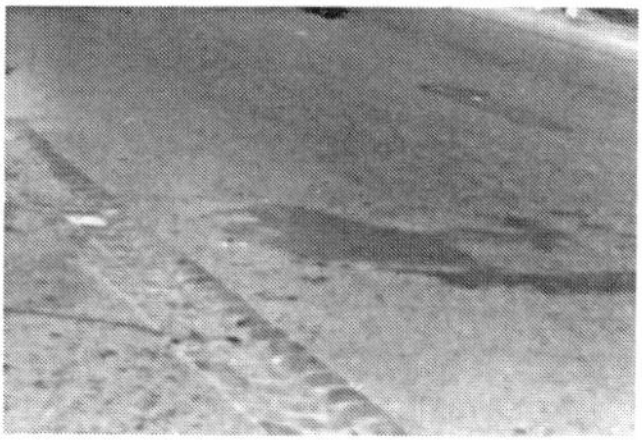

3

4

5

6

Lösung: A … / B … / C … / D … / E … / F …

TEST II:

Unter der Rubrik »Kombinationsfähigkeit« läuft auch die folgende Aufgabe. Es gilt, Ihre Auffassungsgabe und Ihr logisches Denkvermögen unter Beweis zu stellen.

Aus den zur Auswahl stehenden vier Alternativen sollen Sie die Figur finden, die die Figurenfolge logisch fortsetzt (Lösungen, siehe Seite 120).

Beispiel:

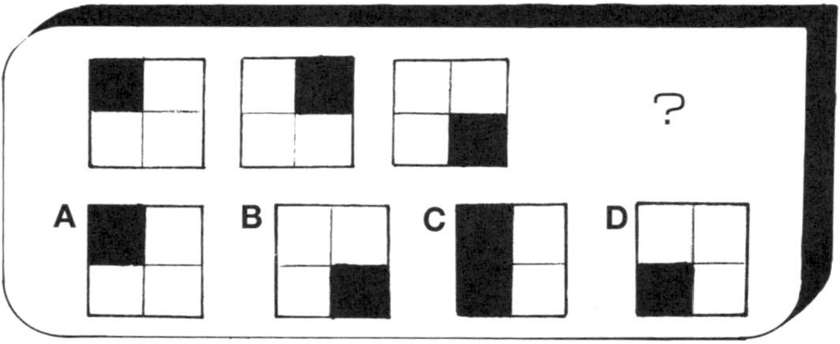

In unserem Beispiel stellt *Antwortalternative D* die richtige Lösung dar. Die schwarze Fläche wandert in der Figur im Uhrzeigersinn.

1

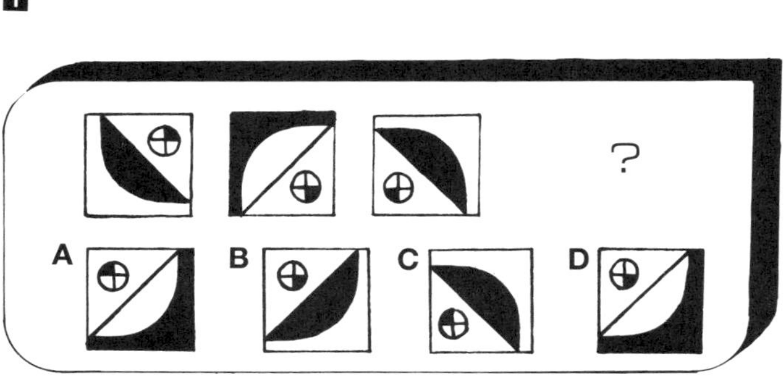

2

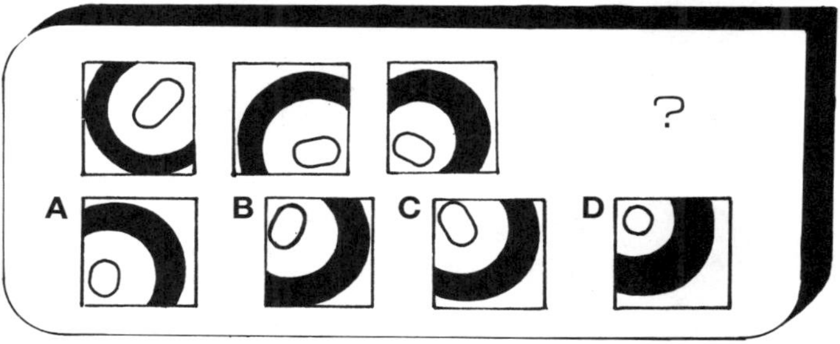

3

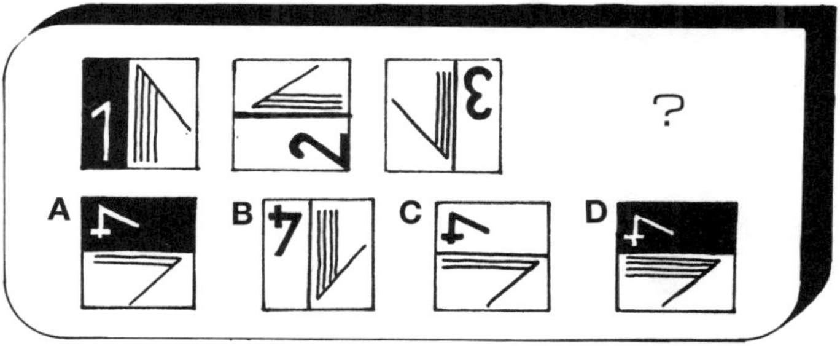

4

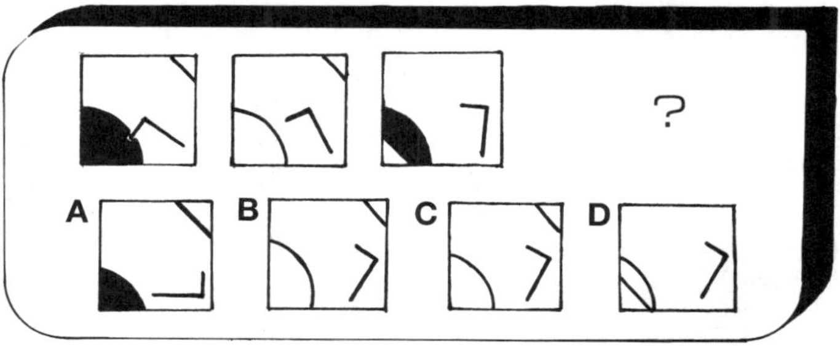

TEST III:

Ihre Kombinationsfähigkeit können Sie auch in der folgenden Übung prüfen.

1

Sie sollen hier die Abbildungen von drei Geschichten in die Reihenfolge bringen, die Sie für die sinnvollste halten. Dabei werden Ihnen jeweils alternativ fünf Antwortmöglichkeiten vorgegeben, von denen nur eine als die sinnvollste und damit als richtig gewertet wird.

A

B

C

D

E

Welche Reihenfolge stimmt?

1) C – B – E – D – A
2) A – E – D – C – A
3) E – D – A – B – C
4) B – C – A – E – D
5) E – D – C – A – B

2

A

B

C

Welche Reihenfolge stimmt?

1) **B – C – D – A**
2) **D – A – B – C**
3) **A – C – D – B**
4) **C – B – D – A**
5) **D – B – A – C**

3

A

B

C

D

E

F

Welche Reihenfolge stimmt?

1) C – A – E – B – F – D
2) C – F – B – E – D – A
3) C – B – E – F – A – D
4) D – E – B – F – A – C
5) A – E – B – F – C – D

LÖSUNGEN ZU DEN TESTS:

Test I:

1	A6	D1
	B3	E2
	C4	F5

2	A2	D3
	B1	E6
	C4	F5

3	A3	E8
	B4	F1
	C7	G5
	D2	H6

4	A3	D5
	B6	E1
	C4	F2

Test II:

1 A **2** D **3** D **4** D

Test III:

1 Antwortalternative 4: **B – C – A – E – D**

Der junge Herr arbeitet am Tisch (B), legt die Unterlagen zur Seite (C) und geht vom Tisch weg (A), um ein Puzzlespiel zu holen, beginnt mit dem Spiel (E) und hat dieses beinahe beendet (D).

2 Antwortalternative 2: **D – A – B – C**

Die junge Dame kocht am Herd (D), nimmt einen Topf vom Herd, der heiß zu sein scheint (A), räumt die offene Spülmaschine ein (B) und wäscht die Pfanne ab (C).

3 Antwortalternative 1: **C – A – E – B – F – D**

Das Auto fährt an der Tankstelle vor (C), der Tankdeckel wird abgeschraubt (A), der Zapfhahn der Tanksäule entnommen (E) [entnommener DM- und Liter-Betrag gleich null!].
Der Zapfhahn wird in den Tankstutzen eingeführt (B). Bei Bild (F) wird der Zapfhahn wieder an der Tanksäule eingehängt, und das Auto (D) wird von der Tankstelle weggefahren.

Erfolgstraining – Projektkarten helfen

Sie haben, seitdem wir uns zuletzt mit den Projektkarten beschäftigten (Seite 16f.), viel Neues, für Ihr Erfolgstraining Wichtiges gehört und dabei die von Ihnen festgelegten Ziele auf den Projektkarten vergessen. Oder etwa doch nicht? Auch wenn die Karten aus dem Blickfeld geraten sind, ist nichts verloren. In diesem Kapitel werden wir uns wieder intensiv mit unseren Zielsetzungen beschäftigen. Sie erinnern sich auch an Herbert Z., dessen Zielsetzungen wir auf Seite 12 kennengelernt haben. Es sind vier Wochen vergangen, seit er sich die Ziele gesetzt und die Realisierungsmöglichkeiten formuliert hat. Hier sein aktueller Stand:

Zu Ziel 1:
Seinem ersten Ziel, eine glücklichere Ehe zu führen, ist Herbert Z. schon etwas näher gekommen. Er hat seiner Frau ein Geschenk gemacht und dadurch einen Teilerfolg erzielt. Er verfolgt Ziel 1 in der bisherigen Formulierung weiter und versucht durch weitere Maßnahmen in Phase III (Realisierung), seine Frau für sich einzunehmen. Herbert Z. hat sich nun vorgenommen, mit seiner Frau, die Kunstliebhaberin ist, am Samstag eine Vernissage zu besuchen.

Zu Ziel 2:
Auch Ziel 2 läßt Herbert Z. unverändert stehen. Er hat, wie in seiner Planung in Phase III vorgesehen, mehrere Bewerbungen verschickt und ist daraufhin zu zwei Gesprächen eingeladen worden. Herbert Z. muß sich mit den ihm angebotenen Positionen auseinandersetzen und die Positionen bewerten.
Seine Bemühungen, sich auch im eigenen Unternehmen zu profilieren, stehen noch in der Anfangsphase und können noch nicht als Erfolg verbucht werden.

Zu Ziel 3:
Sein Ziel, Vorsitzender des Ortsvereins der XY-Partei zu werden, möchte Herbert Z. ebenfalls in der bisherigen Formulierung bestehen lassen und weiterfolgen. Er hat jedoch festgestellt, daß zur Erreichung dieses Ziels eine Rhetorikschulung unerläßlich ist.

Zu Ziel 4:
Daher ersetzt er Ziel 4, das durch den Besuch eines Französischkurses und eine für den nächsten Monat geplante Frankreichreise umrissen war durch folgendes Ziel:

```
Ziel 4:

Phase I) Redegewandheit verbessern
Phase II) Rhetorikkurs besuchen
Phase III) Bei Bekannten umhören, welche Schule
           empfehlenswert ist, Branchenbuch
           nachschlagen, Angebote von Schulen ein-
           holen, Entscheidung treffen,
           Anmeldung
```

Zu Ziel 5:
Bei der Erreichung von Ziel 5 hat Herbert Z. bisher noch keine Fortschritte gemacht. Aber das deprimiert ihn im Augenblick nicht. »Auch Gott hat nicht die Welt an einem Tag geschaffen«, sagt er sich. Mit etwas Geduld und Ausdauer wird Herbert Z., genau wie Sie, auch in puncto Sportlichkeit vorankommen. Er hatte bisher einfach zu wenig unternommen, um Anschluß an eine Sportgruppe zu finden. Für die nächste Woche steht dieses Vorhaben auf seinem Terminkalender.

★

Genauso wichtig wie das Setzen und Formulieren der Ziele, ist die regelmäßige Überprüfung des bisher Erreichten. Teilerfolge, die Sie für sich verbuchen können, geben Ihnen den Ansporn, weiterzumachen. Durch den regelmäßigen Vergleich Ihrer augenblicklichen Situation mit den Zielsetzungen auf Ihren Projektkarten verhindern Sie, daß Ziele auf Ihrer Liste verkümmern und in Vergessenheit geraten. Diese Überprüfung sollten Sie nach Möglichkeit schriftlich vornehmen, um Ihre Aufwärtsentwicklung Schwarz auf Weiß registrieren zu können. Am besten, Sie nehmen sich einen bestimmten Tag und eine bestimmte Uhrzeit vor, um diese Analyse durchzuführen (z.B. Sonntag morgen). Sie werden bei Betrachtung Ihres Wochenprogramms leicht einen Zeitpunkt finden, an dem Sie ungestört und entspannt an die Arbeit gehen können.
Sollten Sie bei der regelmäßigen Überprüfung Ihrer Ziele feststellen, daß eines Ihrer Projekte über Wochen oder Monate keinen Fortschritt macht, wäre zu überlegen, ob Sie das Ziel falsch formuliert haben, oder ob die beschlossenen Realisierungsmaßnahmen ungeeignet sind. Oftmals hat man sich das Ziel zu weit gesteckt, und es erweist sich als notwendig, das Vorhaben in mehrere kleine Etappen aufzuteilen. Scheuen Sie sich nicht, solche Korrekturen vorzunehmen; verlieren Sie dabei jedoch nicht Ihr Ziel aus den Augen.

Der richtige Umgang mit den Projektkarten

Nachdem Sie schon Ihre Erfahrungen mit den Projektkarten sammeln konnten, möchten wir Ihnen noch einige Tips zur Handhabung der Karten geben.

Wann tauscht man Projektkarten aus?

Der beste Zeitpunkt, eine Projektkarte wegzulegen, ist natürlich dann gekommen, wenn Sie das darauf beschriebene Ziel erreicht haben. Bewahren Sie die Karte trotzdem an einem sicheren Ort auf, denn sie dokumentiert Ihnen Ihren Erfolg. Wenn Sie mit der Zeit so eine ganze Reihe von Projektkarten sammeln konnten, so gewinnen Sie eine Erfolgsbasis, auf der Sie mit Selbstbewußtsein neue Herausforderungen annehmen können. Sollte Sie einmal der Optimismus verlassen, blättern Sie einfach die abgehakten Projektkarten durch, und Sie werden merken, wie Ihnen die einmal erzielten Erfolge neue Energie geben.

Es kann auch notwendig werden, eine Projektkarte auszutauschen, wenn Sie feststellen, daß Sie an dem gesetzten Ziel gar kein Interesse mehr haben.

Dazu ein kleines Beispiel:

Werner hatte Arbeitskollegen, die sich alle sehr für Fußball interessierten und sich außerhalb der Arbeit zum Fußballspielen trafen. Da Werner sich früher nicht sehr für Fußball begeistert hatte, setzte er sich zum Ziel, ein guter Fußballer zu werden.

In der Zwischenzeit hatte Werner aus beruflichen Gründen seine Arbeitsstelle gewechselt und neue Arbeitskollegen gefunden. Er merkte nun plötzlich, daß ihn das Fußballspielen eigentlich nie besonders interessierte, er sich nur aus Gründen der Anerkennung intensives Fußballtraining vorgenommen hatte.

In einem solchen Fall ist es sinnvoll, das Ziel fallenzulassen, sobald man erkennt, daß man gar nicht hinter dem niedergeschriebenen Wunsch steht, sondern nur den Erwartungen anderer gerecht werden wollte. Eine ganz wichtige Bedingung der Projektkartenmethode besteht darin, daß Sie, solange Sie ein Ziel verfolgen, sich auch persönlich mit dem Ziel identifizieren. Nur so bleibt Ihr Wille stark genug, um das Ziel zu erreichen.

Was tun, wenn man plötzlich ein neues Ziel vor Augen hat?

Greifen Sie auf jeden Fall dieses Ziel auf, und legen Sie sich dafür eine Projektkarte an. Als geübter »Erfolgsmensch« können Sie zu einem Zeitpunkt ruhig mehr als fünf Ziele gleichzeitig verfolgen. Je länger Sie dieses Erfolgskonzept verfolgen, um so größer wird Ihre Kapazität, sich mehreren Zielen gleichzeitig zu widmen.

Stehen Sie aber eher am Anfang Ihres Erfolgsweges, empfehlen wir Ihnen zu überlegen, ob Sie dem neuen Projekt eine höhere Bedeutung beimessen als einem der vorhandenen fünf Ziele auf den Projektkarten. Ist dies der Fall, sollten Sie die Projektkarte mit der geringsten Bedeutung zur Seite legen und vorrangig das neue Ziel verfolgen. Nach Verbuchen eines Erfolges können Sie das vernachlässigte Projekt von neuem aufgreifen.
Und noch ein Tip: Hüten Sie sich vor der Ausrede, »Ich habe keine Zeit gehabt«. Damit lügen Sie sich nur selbst in die Tasche.

MEMO

- Entwickeln Sie durch ständiges Üben Sprachgefühl und -sicherheit.
- Steigerung der Reaktionsfähigkeit hilft Ihnen, sich der Situation entsprechend richtig zu verhalten.
- Handeln Sie nicht nach starren Verhaltensmustern, sondern bewahren Sie sich geistige Flexibilität.
- Auch Ziele sind veränderbar.
  Prüfen Sie von Zeit zu Zeit, ob Ihnen das, was Sie vor Monaten einmal angestrebt haben, noch wichtig ist. Oder gibt es neue Dinge mit größerer Priorität?

Haben Sie Überblick?

Wie man sich Überblick verschaffen kann – sei es in einer verzwickten Lage oder in alltäglichen Situationen –, möchten wir Ihnen anhand des folgenden Fallbeispiels erläutern.

Wichtig ist, daß Sie das Problem gezielt angehen, das heißt es analysieren und ähnlich wie bei der Gestaltung der Projektkarten in einzelne Phasen untergliedern. Probleme löst man nicht »auf einen Schlag«, sondern Schritt für Schritt!

Fallbeispiel:

Der Abteilungsleiter der Abteilung Verkauf, Herr Z., erhält diesen Brief:

SCHEIB

SCHEIB GMBH Hirsch-Straße 5 2805 Stuhr Telefon 02421/88700 · Telex 2463021

Firma
WEKO AG
Abteilung Verkauf
Postfach

7000 Stuttgart 1

Ihr Zeichen	Ihre Nachricht vom	Unser Zeichen	Tag
		Ha/lil	15.8.19..

Falschlieferung / Kontoberichtigung

Sehr geehrter Herr Z,

am 15.7.19.. haben wir bei Ihnen per Telex Nr. 482 Stück 2000 Einsatzringe Größe 4, Bestellnummer 208826-8009, geordert. Als wir bis zum 26.7. weder die Lieferung, noch eine Auftragsbestätigung mit dem Lieferdatum erhalten hatten, haben wir uns mit Anfrage vom 26.7. wieder an Sie gewandt. Sie versprachen, uns die bestellten Ringe alsbald zu liefern.

Am 1.8. erhielten wir eine Lieferung, die jedoch aus Einsatzringen der Größe 5 bestand, die für unsere Fertigung unbrauchbar sind. Wir haben Ihnen die Lieferung zurückgeschickt und Sie gebeten, sofort die bestellten Ringe zum Versand zu bringen, da mittlerweile, 3 Wochen nach der Erstbestellung, unser Lagerbestand aufgebraucht und die Montage zum Erliegen gekommen war.

Jetzt erhielten wir schließlich am 14.8. die richtigen Ringe, aber eine Gesamtrechnung über die falsche Lieferung vom 1.8. und die neue Lieferung vom 14.8.

Eine solche Geschäftspraxis ist uns nicht zumutbar. Sollte es in Zukunft nicht möglich sein, binnen kürzerer Zeit ordnungsgemäß bestellte Waren richtig auszuliefern, so würde das einer weiteren Zusammenarbeit nicht dienlich sein.

Hochachtungsvoll

Dr. W. Hansen, ppa.

Die Firma Scheib, die sich hier über Mißstände beschwert, ist ein guter Kunde der Weko AG. Diese wickelt mit der Firma Scheib jährlich einen Umsatz von etwa DM 300000 ab. Herr Z. möchte daher den Kunden auf keinen Fall verlieren. Aber nicht nur deshalb, sondern auch, um den Ursachen der Fehlleistungen auf den Grund zu gehen, weist er den zuständigen Gruppenleiter an, zu diesem Schreiben Stellung zu nehmen und mit ihm Rücksprache zu halten. Eine Kopie des Schreibens legt sich Herr Z. auf Termin, so daß er rechtzeitig an den Vorgang erinnert wird.
Der zuständige Gruppenleiter kann sich an den konkreten Vorgang nicht erinnern und muß ermitteln, wer in seiner Gruppe das Telex mit der Bestellung bearbeitet hat und wieso es bei der Warenauslieferung zu den von der Firma Scheib monierten Ungenauigkeiten gekommen ist.
In den Bestellunterlagen der Firma Scheib findet er das Telex mit dem Eingangsstempel vom 15. 7. 87. Frl. Rot war damals mit der Bearbeitung beauftragt. Er erkundigt sich bei ihr nach weiteren Details, die im Zusammenhang mit der Bestellung wichtig sein könnten. Frl. Rot erinnert sich auch an den Vorfall: »Ja sicher, das war damals eine Hetze; die bestellten Einsatzringe der Größe 4 waren auch bei uns nicht am Lager und mußten erst zur Fertigung angewiesen werden. Dies habe ich aber am 15. 7. getan. Ende Juli habe ich vom Werk die Ringe erhalten und zum Versand angewiesen.«
Der Gruppenleiter stellt fest, daß die Aussagen sich mit den Daten im Brief der Firma Scheib decken. Aber warum wurden der Firma Scheib jetzt Ringe der Größe 5 und nicht die bestellten Ringe der Größe 4 geliefert? Darauf weiß Frl. Rot keine Antwort, verspricht aber, sich der Sache anzunehmen und bei der Versandstelle nachzufragen.

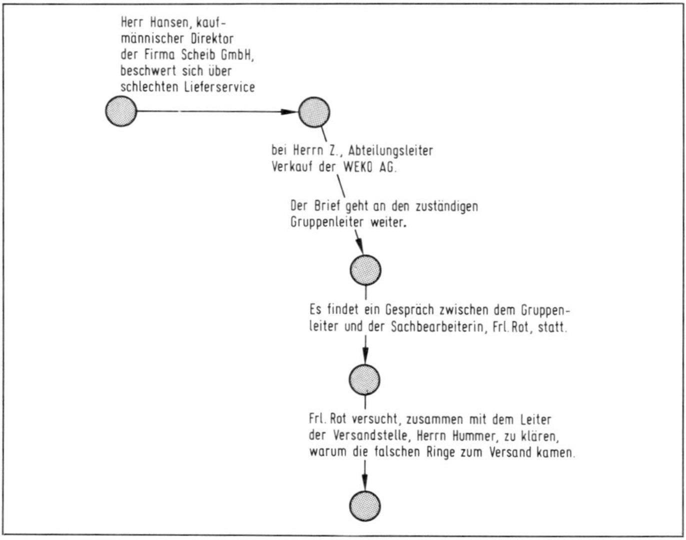

Herr Hummer von der Versandstelle erklärt nach Durchsicht seiner Unterlagen, daß es am 29. 7. zu einer Verwechslung zweier Sendungen gekommen war und die Firma Scheib deshalb versehentlich mit den Ringen der Größe 5 beliefert wurde.
Nun wären alle Vorwürfe, die Herr Hansen gegen die Firma Weko AG gerichtet hat, geklärt. Oder fehlt noch etwas?
Richtig, festzustellen ist noch, warum der Firma Scheib die falsch gelieferten Ringe der Größe 5 berechnet wurden? Hier liegt der Fehler bei der Rechnungsabteilung, die versäumt hat, für die Falschbuchung eine Gutschrift zu erstellen. Die Berichterstattung geht jetzt vom Leiter der Versandstelle den vorher beschriebenen Weg zurück zum Abteilungsleiter, Herrn Z.

Welche Angaben sind für Herrn Z. wichtig, um sich den Überblick über diese Angelegenheit zu verschaffen?
Er sollte vom Gruppenleiter erfahren, ob
1. die Angaben in dem Schreiben der Firma Scheib stimmen,
2. die Fehlerursache gefunden wurde,
3. die Fehlerquelle ermittelt ist und eventuell Vorkehrungsmaßnahmen zur künftigen Fehlervermeidung getroffen wurden.

Bei diesen drei Punkten handelt es sich auch um die Kernpunkte des Schreibens der Firma Scheib. Als guten Vorgesetzten muß es Herrn Z. gelingen, seine Gruppenleiter so zu führen, daß sie ihm ohne lange Detailanweisungen alle wesentlichen Fragen beantworten. Für Herrn Z. wäre es also völlig unwichtig zu wissen, »daß damals eine große Hetze war«, als Frl. Rot die Teile bestellt hat.
Abschließend delegiert Herr Z. die Aufgabe, ein entsprechendes Entschuldigungsschreiben aufzusetzen, an den Gruppenleiter.

Ideen festhalten

Ein wichtiger Grundsatz der Arbeitsmethodik sagt: »Beißen Sie sich nicht an bestehenden Problemen fest!« Denn, sind Sie am sogenannten toten Punkt angekommen, an dem Ihnen momentan keine Lösungsmöglichkeiten oder Auswege einfallen, nutzt es nichts, sich selbst zu verkrampfen und zu martern, in der Hoffnung, ein Geistesblitz ließe sich dadurch heraufbeschwören. Besser legt man den Vorgang auf die Seite, nicht zu weit, denn sonst vergißt man ihn vollkommen; dadurch wird man gelegentlich an den Problemfall erinnert, und der Sachverhalt bleibt im Gedächtnis parat.
Sie können sich in der Zwischenzeit anderen Dingen zuwenden, und dennoch wird Ihnen der Fall immer wieder durch den Kopf gehen. Dies ist genau die Situation, die Sie brauchen, um dann plötzlich auf eine gute Idee zu kommen. Es kommt dann nur darauf an, sich die neu entwickelten Lösungsideen sofort aufzuschreiben. Zumindest

stichwortartig, so daß Sie später Ihren Gedankenentwurf rekonstruieren können.
Oftmals kommen einem gute Ideen, wenn man abends kurz vor dem Einschlafen die Materie noch einmal Revue passieren läßt. Aber seien Sie ehrlich: Wie oft schon haben Sie kurz vor dem Einschlafen über Dinge nachgedacht, die Sie bewegten, und haben dabei Lösungsansätze gesehen, die dann aber in der Hektik des Alltags völlig aus Ihrem Gedächtnis verschwunden sind? Schade, gerade diese Eingebungen wären vielleicht der Schlüssel zu einer Lösung gewesen. Selbst dann, oder gerade wenn Sie in der Badewanne sitzen oder in der U-Bahn fahren, ist es wichtig, daß Sie sofort zu Papier und Stift greifen, um den Einfall festzuhalten.

Sie werden einwenden, daß man sich eine Idee doch die paar Minuten merken kann. Aber meistens wird Sie zwischenzeitlich von anderen Gedanken oder Entscheidungen überlagert, und diese Gedanken verdrängen den vorigen Einfall, der dann oft für immer verloren ist.

► Sie können wesentlich mehr aus Ihrem Ideenvorrat herausholen, wenn Sie die Ihnen »zugeflogenen« Ideen alle festhalten und nicht wieder verschwinden lassen. Zeit, einen Entwurf als unbrauchbar wegzuwerfen, haben Sie später immer noch genug. Notieren Sie sich Ihre Einfälle also sofort. Es lohnt sich, Ihre Jackentasche mit einem Notizbuch und einem Kugelschreiber auszustatten.

► Nur wer etwas von seinen Gedanken hält, schreibt sie auf.

Die richtige Verpackung macht's

Ging es Ihnen auch schon so? Sie hatten eine gute Idee, doch niemand nahm davon richtig Kenntnis, geschweige denn, daß sie in die Tat umgesetzt wurde? Einige Zeit später kommt ein Zweiter genau mit der gleichen Idee – und plötzlich sind alle begeistert, und die Sache wird ein großer Erfolg?
Es gibt nur zwei Möglichkeiten: Entweder waren Sie mit Ihrem Vorhaben der Zeit tatsächlich weit voraus. Oder der andere hat es ganz einfach besser verstanden, seine Idee vor Publikum zu »verkaufen«.
Die erste Erklärung trifft eigentlich sehr selten und dann nur auf Genies zu. In der Regel liegt Mißerfolg einfach in der Tatsache begründet, daß man es leider nicht geschafft hat, andere Menschen für die eigene Idee zu gewinnen.
Eine wichtige Teilvoraussetzung für einen Aufmerksamkeitserfolg ist die Redegewandtheit (Rhetorik). Vergleichen Sie dazu Seite 94f.
In diesem Kapitel geht es uns um den geschickten Einsatz von Hilfsmitteln bei der Präsentation einer Idee, eines Konzeptes oder auch eines Produktes.

Nehmen wir einmal ein Beispiel aus dem Privatbereich: Sie möchten Ihre Ferien das nächste Mal gern in den Bergen verbringen. Sie wissen aber, daß Ihr Partner bei dem Gedanken »Urlaub in den Bergen mit ausgiebigen Wanderungen« eher ablehnend reagiert, von dieser Idee gar nicht begeistert ist. Wie können Sie Ihrem Partner den Urlaubsort trotzdem schmackhaft machen? Das Wichtigste ist, sich zu überlegen, was Ihr Partner im Urlaub bervorzugt, zum Beispiel Schwimmen, Leute treffen, abends ausgehen...
Besorgen Sie sich von den ins Auge gefaßten Urlaubsorten dann Unterlagen. Mit Sicherheit wird es in der Nähe ein Schwimmbad oder einen See geben. Straßencafés, nette Einkaufspassagen und Diskotheken finden sich heute in nahezu allen kleineren Urlaubsorten. Schneiden Sie aus den Prospekten all diejenigen Bilder heraus,

die den Erwartungen und Wünschen Ihres Partners entgegenkommen. Die Präsentation der Fotos wird bei Ihrem Partner die Vorurteile gegenüber dem Urlaubsort abbauen, entdeckt er nun doch auch viele Möglichkeiten für sich.

- Die bildliche Veranschaulichung einer Idee und die damit verbundenen Vorteile für die Personen, die Sie ansprechen wollen, können wir Ihnen als erfolgversprechendes Rezept empfehlen. Helfen Sie der Phantasie Ihrer Zuhörer nach! Möchten Sie Ihren Vorgesetzten vom Verkaufserfolg eines neuen Produktes überzeugen, nennen Sie ihm nicht einfach Zahlen, sondern legen Sie ihm eine Grafik vor, aus der die erwartete Erfolgskurve deutlich hervorgeht:

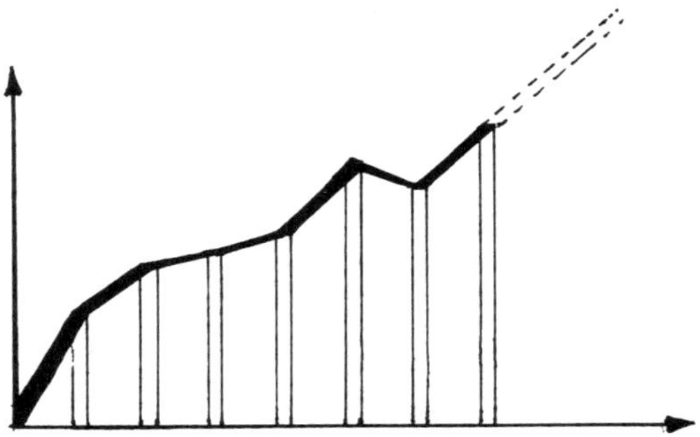

Beispiel für eine Grafik über den Verkaufserfolg eines Produktes

- So wie es für Sie sicher ganz selbstverständlich ist, wenn Sie Ihren Freunden Ihre neue Stereoanlage vorstellen, daß Sie das Gerät einschalten und die anderen mal »reinhören lassen«, so sollten Sie generell die Sinnesorgane Ihrer Zielpersonen ansprechen. Hören, Sehen, Fühlen, Schmecken und Riechen sind alles Wahrnehmungsmöglichkeiten, die Sie bei Ihrem Gegenüber »ansprechen« können, je nachdem, in welcher Situation Sie sich befinden und was Sie sich als Ziel gesetzt haben.

Dieselben psychologischen Erkenntnisse macht man sich besonders im Verkauf und in der Werbung zunutze. Wenn ein Autoverkäufer Sie bittet: »Ach, setzen Sie sich doch einmal ganz unverbindlich in diesen Wagen, und machen Sie eine Probefahrt«, animiert er Sie deshalb, weil er weiß, daß das Fühlen des Lenkrades und das Sitzen in dem weichen velourbezogenen Sitz, also das eigene Erleben, Sie leichter dazu bewegt, das Auto zu kaufen, als jedes noch so überzeugende Argument des Verkäufers. Der Verkäufer versetzt Sie in die Lage des Eigentümers. Der Wunsch, das Fahrzeug dann auch dauerhaft zu besitzen, wird dadurch deutlich gesteigert. Nicht anders ergeht es den Damen, wenn die Verkäuferin in der Boutique sie bittet, das Kleid doch einfach einmal anzuprobieren oder den Stoff zu befühlen.

Doch jetzt genug geplaudert aus der Verkaufstrickkiste! Lassen Sie uns auf die grafischen Darstellungsmöglichkeiten zurückkommen, die Sie in der Praxis taktisch klug einsetzen können. Gerade im Berufsleben zahlt es sich aus, wenn Sie in der Lage sind, eine Situation so darzustellen, daß sie von anderen auf einen Blick erfaßt werden kann.

Dazu wieder ein kleines Beispiel:

Herr Müller, Inhaber eines Lebensmittelgeschäftes, erklärt Herrn Weber, seinem Mitarbeiter, wie er seine Waren in den Regalen angeordnet haben möchte:

> »Die Süßigkeiten sollten ganz links vorn an der Kasse in das Regal gestellt werden. Möglichst ein großes Plakat anbringen, auf dem ›Süßigkeiten‹ steht. Neben den Kosmetikartikeln dürfen auf keinen Fall Lebensmittel stehen. Schieben Sie also die Kosmetikartikel ganz rechts ins Regal, wobei Haarwaschmittel, Seife und Deodorants unten plaziert sein sollen. Darüber die Zahnpflegeartikel und ganz oben das Make-up. Ach nein, stellen Sie lieber das Make-up in die Mitte und darüber die Zahnbürsten. Daneben kommen dann die Babywindeln, Toilettenpapier und Küchenhandtücher unmittelbar darunter. Warten Sie mal, was machen wir mit den Backzutaten? Ach ja, die könnten wir eigentlich daran anschließen, Weihnachten steht ja vor der Tür. Ordnen Sie die möglichst so an, daß sie etwa einen Meter breit gestaut sind.
> Das gesamte Regal sollte maximal fünf Meter lang sein, und der höchste Einlegeboden sollte 1,8 Meter über dem Boden sein.«

Glauben Sie, daß Herr Weber nach diesen langen Ausführungen noch weiß, was genau er machen soll? Wir haben große Zweifel. Sollte das Regal anschließend nicht so aussehen, wie es sich Herr Müller vorgestellt hat, kann Herr Weber sich immer noch darauf hinausreden, daß er die Anweisungen so verstanden habe.

Herr Müller hätte sich den langen Vortrag sparen können, wenn er statt dessen eine kleine Skizze angefertigt hätte. Eine präzisere und einfachere Arbeitsanweisung für den Mitarbeiter gibt es nicht:

Skizzen sind oft präziser als lange, mündliche Arbeitsanweisungen

Aus demselben Grund werden heute auch Gebrauchsanweisungen oder Reparaturanleitungen mit Fotos und Zeichnungsfolgen ausgestattet. Denken Sie dabei nur an die Aufbauanleitung für ein Regal oder die Beschreibung, wie man einen Scheibenwischer auswechselt.

Wissen ist Macht

Wissen und eine gute Allgemeinbildung bilden einen wichtigen Pfeiler für den Erfolg. Egal, ob es sich um Gespräche mit Kollegen, Bekannten oder Freunden handelt, es ist wichtig, daß Sie bei verschiedenen Themen mitreden können. Dabei werden die Fachbereiche Geographie, Geschichte, Politik und Naturwissenschaften bei allgemeinen Unterhaltungen am häufigsten angesprochen. Je nach Interessenlage sollten Sie aber auch in den Bereichen Sport, Kunst und Kultur Ihren Wissenstand etwas auf Vordermann bringen.
Durch Wissen können Sie manch andere Schwachpunkte ausgleichen. Unsicheres Auftreten oder mangelnde Redegewandtheit dürften durch gutes Fachwissen im Beruf und Kompetenz bei allgemeinen Themen überspielt werden. Auch wenn Sie mancher Kollege nicht mag, wird er Sie doch akzeptieren, wenn Sie aufgrund überdurchschnittlicher Kenntnisse für die jeweilige Gruppe unersetzlich oder zumindest sehr wertvoll sind.
Fachwissen im Beruf kann man sich dadurch aneignen, daß man sich mit der Organisation des Unternehmens gut vertraut macht. Unsere Erfahrung aus der Industrie zeigt immer wieder, daß sich viele Menschen viel zu wenig in ihrem eigenen Unternehmen auskennen. Aufgrund der komplexen Unternehmensformen ist es besonders für neue Mitarbeiter schwierig, sich im Dschungel der Abteilungskürzel zu orientieren und den richtigen Gesprächspartner und Ansprechpartner zu finden.

- ► Wenn Sie den »Durchblick« im eigenen Unternehmen haben, können Sie sich unnötige Wege sparen, aber auch gegenüber anderen profilieren.

- ► Halten Sie sich darüber hinaus in Ihrem Fachgebiet fit! Das regelmäßige Lesen von Fachzeitschriften hilft Ihnen dabei. Es wird vom Staat durch die steuerliche Absetzbarkeit derartiger Lektüre gefördert. Nutzen Sie dieses Angebot. Oftmals werden auch Fortbildungskurse unternehmensintern angeboten.

Die Steigerung der Allgemeinbildung läßt sich nur mit Ausdauer über einen längeren Zeitraum errreichen. Aber was spricht dagegen, schon einmal damit anzufangen, festzustellen, wo man mit seiner Allgemeinbildung momentan steht, was man alles weiß und was nicht?

Das Abonnement einer Tageszeitung ist heute eine Selbstverständlichkeit. Nehmen Sie sich aber auch die Zeit, nicht nur auf den Sie besonders interessierenden Seiten zu lesen, sondern auch einmal die anderen Artikel näher anzusehen. Die Lektüre einer Tageszeitung (bitte keiner Boulevardzeitung) hilft Ihnen, bei aktuellen Themen mitzureden. Raffen Sie sich auch einmal auf, Ihre örtliche Leihbücherei zu besuchen. Das Angebot zu den unterschiedlichsten Themen wird Sie überraschen.

► Wenn Sie erst einmal den Anfang gewagt haben und beginnen, sich über verschiedene Gebiete zu informieren, kommt das Interesse von ganz alleine. Interesse ist dann der Schlüssel zu umfangreichem Wissen.

Laufen Sie nicht blind durch die Welt, sondern beschäftigen Sie sich mit einer Vielzahl von Themen. Oftmals kommen Sie mit diesen Themen nur ganz zufällig in Berührung. Dann stellt sich einem immer wieder die Frage: »Wie ist das eigentlich?« Zur Beantwortung derartiger Fragen empfiehlt es sich, ein Nachschlagewerk zu Hause zu haben.

Übrigens sehen wir sehr wohl das Problem, daß der Tag auch für Sie nur 24 Stunden hat, und daß Sie liebgewordene Freizeitbeschäftigungen für Ihr Programm zugunsten von mehr Allgemeinbildung aufgeben müßten. Aber wenn Sie beruflich oder im Gesellschaftsleben vorankommen wollen, darf Sie der Rhythmus der Vergangenheit nicht weiter behindern.

Sollten Sie es vermissen, unter Kollegen über die letzte Fernsehfolge einer Unterhaltungsserie oder über die Mittelmäßigkeit der Fußballspiele vom letzten Wochenende mitreden zu können, so halten Sie sich bitte vor Augen, daß Sie sich ja im Status verbessern wollen und damit rechnen dürfen, demnächst andere Kollegen mit vermutlich anderen Interessen zu Gesprächspartnern zu haben.

Bald werden Sie für Ihre hinzugewonnene Allgemeinbildung auch die geeignete Unterhaltungsverwendung finden.

It's Test Time

Um Ihnen die Möglichkeit zu geben, Ihre Allgemeinbildung zu testen, damit Sie sie aber auch gleichzeitig etwas steigern können, haben wir Ihnen eine Reihe von Wissensfragen zusammengestellt. Viel Spaß beim Knobeln!

Beantworten Sie die nachfolgenden Wissensfragen durch Ankreuzen der richtigen Antwort (Lösungen auf S. 139):

GEOGRAPHIE*

1 Wie heißt die Hauptstadt von Peru?
a) La Paz b) Guayaquil c) Lima d) Quito

2 Wie heißt der höchste Berg der Schweiz?
a) Monte Rosa b) Eiger c) Großglockner d) Finsteraarhorn

3 Welche Insel ist flächenmäßig am größten?
a) Korsika b) Sardinien c) Zypern d) Teneriffa

4 Zwischen welchen zwei Seen liegen die Niagara-Fälle?
a) Ontario See – Michigan See b) Erie See – Huron See
c) Erie See – Ontario See d) Oberer See – Huron See

5 Welcher Kontinent hat die größte Einwohnerzahl?
a) Amerika b) Europa c) Asien d) Afrika

6 Wie heißt die Hauptstadt von Neuseeland?
a) Sydney b) Auckland c) Christchurch d) Wellington

7 In welcher deutschen Stadt steht die »Porta Nigra«?
a) Oldenburg b) Lübeck c) Limburg d) Trier

8 Welches ist der längste Fluß?
a) Dnjepr b) Ganges c) Donau d) St. Lawrence

9 Welche Stadt liegt auf der geographischen Breite von Kassel?
a) Wuppertal b) Hamm c) Paderborn d) Halle

10 In welchen Fluß mündet die Isar?
a) Rhein b) Neckar c) Donau d) Iller

* Weitere 420 multiple-choice-Fragen zur Allgemeinbildung finden Sie in dem Humboldt-Taschenbuch Bd. 618 »Teste deine Allgemeinbildung«.

11 **Wo wurde Napoleon I., Bonaparte geboren?**
a) St. Helena b) Elba c) Ajaccio d) Tours

12 **Wann lebte Kaiser Nero?**
a) 37–68 n. Chr. b) 163–212 n. Chr. c) 562–512 v. Chr. d) 12 v.–32 n. Chr.

13 **Wann war der Dreißigjährige Krieg?**
a) 1770–1800 b) 1618–1648 c) 1782–1813 d) 1614–1644

14 **Wann war der Unabhängigkeitskrieg der Vereinigten Staaten?**
a) 1776–1783 b) 1782–1791 c) 1752–1776 d) 1796–1806

15 **Welches der folgenden Länder gehört nicht zur Europäischen Gemeinschaft?**
a) Belgien b) Dänemark c) Norwegen d) Griechenland

16 **Wer war »von Stein«?**
a) österreichischer General (zur Zeit des Zaren Alexander I.)
b) evangelischer Theologe, ging 1913 nach Lambarene (Gabun) und eröffnete dort als Missionsarzt ein Spital
c) deutsch-amerikanischer Physiker
d) preußischer Minister, war maßgeblich an der Landreform beteiligt

17 **Wie viele Jahre beträgt die gesetzliche Regierungszeit der Bundesregierung?**
a) 4 Jahre b) 2 Jahre c) 5 Jahre d) 6 Jahre

18 **Wer war John Maynard Keynes?**
a) britischer Admiral
b) Wirtschaftswissenschaftler und Politiker
c) Führer der englischen »Labour«-Partei von 1880–1892
d) britischer Premierminister nach dem Zweiten Weltkrieg

19 **Wie hieß der erste deutsche Bundeskanzler der Bundesrepublik?**
a) Kiesinger b) Theodor Heuss c) Adenauer d) Ludwig Erhard

20 **Wann griffen England und Frankreich Ägypten an (Suezkonflikt)?**
a) 1948 b) 1972 c) 1956 d) 1928

KULTUR

21 Von wem stammt das Schauspiel »Fuhrmann Henschel«?
a) Kessler b) Lessing c) Hauptmann d) Wedekind

22 Was versteht man unter »Kuratel«?
a) Vormundschaft
b) volkstümlicher Ausdruck für Nudelholz
c) Tyrannei
d) zentrale familiäre Figur im Matriarchat

23 Welcher der folgenden Maler gehört nicht zu den Impressionisten?
a) Sisley b) van Gogh c) Gauguin d) Rubens

24 Welche Frequenz hat der Kammerton »a«?
a) 220 Hz b) 440 Hz c) 480 Hz d) 240 Hz

25 Wer schrieb den Roman »Gulliver's Reisen«?
a) G. B. Shaw b) O'Neill c) Swift d) Kipling

26 Was versteht man unter »Liturgie«?
a) ein im Wechselgesang mit der Gemeinde gehaltener Teil des Gottesdienstes
b) dünne Porzellanplatte, in die Reliefdarstellungen eingepreßt sind. Bei Beleuchtung erscheinen die dünnen Stellen als Lichter, die dickeren Stellen als Schatten
c) Gesteinskunde
d) Lehre vom Aufbau des Dramas

27 Wer schrieb den Roman »1984«?
a) Hemingway b) Salinger c) Jules Verne d) Orwell

28 Was versteht man unter »Freskomalerei«?
a) Malerei mit Wasserfarben
b) Malerei auf nassem Kalkstein
c) Malerei auf trockenem Kreidegestein
d) Stuckmalerei in italienischen Kirchen

29 Wer schrieb die Oper »Der fliegende Holländer«?
a) Wagner b) Beethoven c) Mozart d) Rossini

30 Was versteht man unter Synkope?
a) Gebetsstätte der Juden
b) Rhythmusverschiebung in der Musik
c) Höhepunkt im klassischen Drama
d) Brustbild aus Marmor

NATURWISSENSCHAFT

31 Newton (N) ist eine

a) Krafteinheit b) Gewichtseinheit c) Druckeinheit d) Energieeinheit

32 Es gibt unterschiedlich gute Wärmeleiter. Welche Substanz leitet Wärme am besten?

a) Glas b) Hartplastik c) Wasser d) Blei

33 Was versteht man unter »Halbwertszeit«?

a) halbe Zerfallszeit radioaktiver Stoffe
b) Zeitraum zur Beschleunigung eines Kraftfahrzeugs auf fünfzig Kilometer pro Stunde
c) Zeitmessung im Rahmen des Elektrokardiogramms (EKG)
d) Rechengeschwindigkeit einer Zentraleinheit

34 Was versteht man unter Frequenz?

a) Die Strecke zwischen zwei gleichartigen Punkten auf einer Welle
b) Anzahl der Schwingungen, die pro Sekunde durch einen bestimmten Punkt der Welle laufen
c) Anzahl der Wellenlängen pro Meter in Hertz gemessen
d) Anzahl der Sinuskurven pro Meter

35 Welcher Planet ist in unserem Sonnensystem der Sonne am nächsten?

a) Venus b) Mars c) Jupiter d) Merkur

36 Was versteht man unter einer Synthese?

a) wissenschaftlich begründete Behauptung
b) Verbindung von Elementen
c) Destillation von Alkohol
d) chemischer Prozeß, hervorgerufen durch einen Katalysator

37 Was versteht man unter einem Radiant?

a) größter gemeinsamer Teiler zweier Zahlen
b) Einheit des Bogenmaßes
c) radioaktives Element
d) Reichweiten von elektromagnetischen Strahlen

38 Wer war Avogadro?

a) Chemiker, der den Molekülbegriff einführte
b) griechischer Gelehrter, der in einer Tonne lebte
c) italienischer Mathematiker
d) Erfinder der Druckmaschine

39 Was versteht man unter Doppelhelix?

a) länger als 2 Minuten dauernde totale Sonnenfinsternis
b) Überlagerung zweier Sonnensysteme
c) exotherme Reaktion in Form von Lichtausstrahlung
d) Begriff aus der Genetik

40 Wie hieß die Landefähre bei der ersten Mondlandung von Menschen 1969?

a) Shuttle b) Eagle c) Voyager d) Apollo

LÖSUNGEN:

1c	2a	3c	4c	5c	6d	7d	8d	9d	10c
11c	12a	13b	14c	15c	16d	17a	18b	19c	20c
21c	22a	23d	24b	25c	26a	27d	28b	29a	30b
31a	32d	33a	34b	35d	36b	37b	38a	39d	40b

MEMO

- Versuchen Sie, sich in jeder Situation zuerst einen Überblick zu verschaffen. Dazu gehört, Wesentliches von Unwesentlichem zu trennen.
- Eine gute Idee ist nur dann erfolgversprechend, wenn sie gut präsentiert wird. Eine anschauliche Darstellung durch Grafiken und Bilder hilft Ihnen dabei.
- Gewöhnen Sie sich an, egal zu welcher Uhrzeit oder in welcher Situation, Ihre Ideen schriftlich festzuhalten.
- Wissen ist Macht. Regelmäßige Lektüre von Zeitschriften und Zeitungen hilft Ihnen, sich auf dem laufenden zu halten.

Sind Sie kreativ?

Viele Menschen glauben, sie hätten keine erwähnenswerten Einfälle und würden nie auf Ideen kommen, die so gut sind, daß sie sie beruflich weiterbringen könnten. Der Mensch verfügt jedoch über viel mehr geistiges Potential, als er zur Erledigung seiner täglichen Routinearbeit benötigt. Das bedeutet, daß sein Ideenreichtum und auch seine Kreativität zum Verkümmern verurteilt sind. Sie werden nicht gefragt, nicht gefördert, sondern einfach vergessen. Und was man nicht regelmäßig bewegt, rostet eben ein.
Das bedeutet, daß Sie Ihre vermeintlich nicht vorhandenen oder verlorengegangenen Fähigkeiten wieder ausgraben können.

► Fordern Sie sich selbst, und Sie werden zu überraschenden Ergebnissen kommen. Versuchen Sie, Ihr vorgegebenes Denkschema zu verlassen, wagen Sie sich vor, und, ganz wichtig, erleben Sie eine ganz neue Seite von Ihnen, die kreative Seite. Sie möchten plötzlich gestalten, haben neue Ideen, ein wunderbares Erlebnis!

It's Test Time

Um die Kreativität zu fördern, stellen wir Ihnen zu Beginn eine ganz einfache *Übung* vor.
Füllen Sie die vorgegebenen 15 Felder mit den umgedrehten V's aus. Lassen Sie sich etwas einfallen, wie Sie die beiden vorgegebenen Striche in ein Bild Ihrer Wahl einpassen können. Dabei kommt es nicht darauf an, daß die Zeichnungen besonders schön werden, wichtig ist vielmehr, daß Sie kein Motiv zweimal verwenden und Spaß an der eigenen Kreativität entwickeln.

Anschließend stellen wir Ihnen einige Lösungsbeispiele vor, bei denen Sie bitte noch nicht gleich spicken, sondern erst, wenn Sie selbst zu allen Feldern eine eigene Idee hatten. Sollte Ihnen nach

zehn Minuten angestrengten Denkens nichts mehr einfallen, lassen Sie sich dann durch unsere Lösungsmuster inspirieren. Aber selbst wenn Sie Hilfestellung beanspruchen, ist die Übung von größter Wichtigkeit für Sie. Schauen Sie sich die Lösungsvorschläge dann an, und blättern Sie zur Übungsseite zurück. Versuchen Sie nun ohne mehrfaches Nachschlagen, sich zu erinnern, welche Lösungen wir Ihnen vorbereitet haben. Bei diesem Nachdenkprozeß wird wiederum Ihre Kreativität gefördert, Sie haben nicht mehr die Ergebnisse der Autoren vor Augen und versuchen, aus dem Gedächtnis heraus kreativ zu werden. Jetzt viel Spaß beim »Ausfüllen« der Seite 143, und verzweifeln Sie nicht gleich!
(Lösungsvorschläge, siehe Seite 144.)

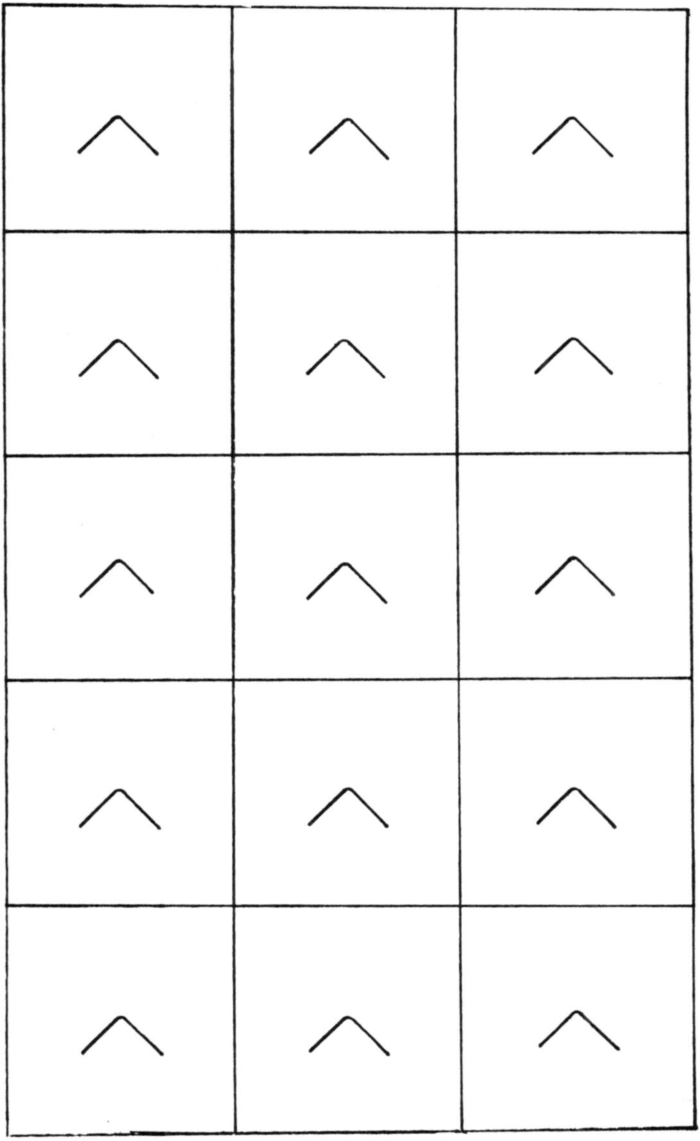

Und hier einige Lösungsvorschläge:

Sie fühlen sich noch nicht alt und ausgelaugt, und dennoch haben Sie keine guten neuen Ideen, die zusätzlichen Schwung versprechen? Wir möchten Ihnen hier zwei klassische Kreativitätstechniken vorstellen:

METHODE 6 – 3 – 5

Die Zahlen stehen für eine Gruppenarbeit, sechs Personen, von denen jede drei Vorschläge macht, die fünfmal variiert und verbessert werden.
Sie möchten zum Beispiel importierte Fisch-Fossilien aus Brasilien verkaufen. Jede der sechs Personen hat folgendes Blatt vor sich, auf dem sie drei Vorschläge zur Steigerung des Absatzes niederschreibt.

	Vorschlag 1	**Vorschlag 2**	**Vorschlag 3**
Person 1	Museen anschreiben	Fossilien-börsen besuchen	Steinmetze werben
Person 2	. . . .	. . . .	. . . .
Person 3	. . . .	. . . .	. . . .
Person 4	. . . .	. . . .	. . . .
Person 5	. . . .	. . . .	. . . .
Person 6	. . . .	. . . .	. . . .

Person 1 schreibt jetzt drei unterschiedliche Vorschläge zur Förderung des Absatzes nieder, nämlich: *Museen anschreiben,* ob entsprechendes Interesse an Fisch-Fossilien besteht; *Fossilienbörsen besuchen,* um Sammlern und Interessenten das Angebot näherzubringen, und *bei Steinmetzen* werben, Fisch-Fossilien in ihr Angebot aufzunehmen. Gerade in rustikal gemauerten Wänden rund um offene Kamine kommen derartige Fossilien gut heraus. Diesen Zettel gibt Person 1 an Person 2 weiter, erhält dafür von Person 6 den dort bearbeiteten Zettel. Jede Person ist also gleichzeitig mit der Bearbeitung eines der sechs Zettel beschäftigt.
Um diese Methode nicht endlos in die Länge zu ziehen, wird üblicherweise ein Zeitlimit festgelegt, von drei Minuten für die erste Runde, dann vier und fünf Minuten für Runde 2 und 3. In den letzten drei Runden stehen jeweils sechs Minuten zur Verfügung.
Der Vorteil der Methode liegt darin, daß durch die sechs beteiligten

Personen insgesamt 18 Denkansätze weitergeführt werden, was ein sehr großes Spektrum an Ideen eröffnet. Sicherlich können auch mehrere Personen unabhängig voneinander dieselben Ideen verfolgen. Die Methode 6 – 3 – 5 wird unter der Rubrik *»Brainwriting«* geführt, das heißt, die Ideen werden nicht in der Gruppe diskutiert, sondern nur in schriftlicher Form an die folgende Person weitergereicht.

Die Brainwriting-Methode 6 – 3 – 5 hat ihren Ursprung im »Brainstorming«. *Brainstorming,* »das Gehirn zu stürmen«, war auch die Absicht unserer oben genannten Fossilienverkäufer. Bei Brainstorming werden die neuen Vorschläge jedoch nicht in schriftlicher Form weitergegeben, sondern durch einen Moderator, für alle sichtbar, mit einem Tageslichtprojektor oder an einer großen Tafel festgehalten.

Der problematische Aspekt des Brainstorming ist, daß auf einen Beitrag zahlreiche Gegenargumente folgen können, die den gesamten konstruktiven Gedanken zerstören. Daher achtet der Moderator beim Brainstorming darauf, daß nur positive Ideen vorgebracht und weiterentwickelt werden. Was davon unbrauchbar ist, kann später aussortiert werden, nicht jedoch während des eigentlichen »Gehirnstürmens«.

Zeiteinteilung macht's möglich

Zeiteinteilung ist ein wichtiger Meilenstein auf dem Weg zum Erfolg. Systematisch konzipiert, verhilft sie Ihnen zu einer effektiveren Gestaltung Ihres Tagesablaufs, in dem Sie die Regie übernehmen, sich nicht mehr von den anfallenden Aufgaben überrennen lassen und nicht mehr in blinden Aktionismus verfallen.

Können Sie mit Ihrer Tagesleistung zufrieden sein?

Wenn Sie sich einmal ganz kritisch erforschen, wieviel Zeit haben Sie beispielsweise am heutigen Tag unnütz vertan? Sei es mit einfachem Herumtrödeln oder mit der Berieselung durch eine Fernsehsendung, die Sie eigentlich überhaupt nicht interessierte? Jeder Mensch benötigt Zeit, in der er sich entspannt und auch einmal bewußt faulenzt. Das Argument, keine Zeit für die Konzeption von eigenen, kreativen Ideen gehabt zu haben, gilt dann allerdings nicht mehr.

Nur wer kontinuierlich an seinen Zielen arbeitet, hat Erfolg. Nehmen Sie sich regelmäßig eine bestimmte Zeit, in der Sie auf Ihre Zielerreichung hinwirken.

Oder sind Sie noch gar nicht zum Aufatmen gekommen, sind Sie von Besprechung zu Besprechung gehetzt, mit übervollem Terminkalender? Reichte es nicht einmal zum Lesen der Tagespost, geschweige denn dazu, sie zu beantworten?

Dann werfen Sie sich möglicherweise keinen Leerlauf am heutigen Tag vor. Aber haben Sie sich schon einmal gefragt, ob alles, was Sie heute erledigten, produktiv war? Haben Sie vielleicht versucht, immer nur das Schlimmste zu verhindern?

Oftmals geht es Gruppen- oder auch Abteilungsleitern so, daß sie den lieben langen Tag ausschließlich damit beschäftigt sind, das »Schlimmste zu verhindern«.

Dazu ein Fallbeispiel:

Bei Herrn O., einem mir gut bekannten Gruppenleiter in einem mittelständischen Service-Betrieb, gestaltete sich der Tagesablauf wie oben beschrieben, und er klagte dann, daß er zu seiner eigentlichen Arbeit gar nicht mehr käme. Ich fragte ihn, wie er sich denn diese Situation erklären würde. Bei seinen Kollegen seien solche Symptome nicht festzustellen. Er versuchte, sich die Lage mit der angespannten Personalsituation einerseits und der Unfähigkeit von Mitarbeitern andererseits zu erklären. Aber das ist selbstverständlich immer nur die halbe Wahrheit. Sieht man sich einmal den Tagesablauf des Gruppenleiters näher an, so ist er zu einem sehr großen Teil mit Dingen beschäftigt, die er leicht an seine Mitarbeiter hätte delegieren können. Es lag nicht einmal an der Unfähigkeit der Mitarbeiter, daß er meinte, alles selber bewerkstelligen zu müssen. Vielmehr handelte es sich bei den anfallenden Arbeiten um Routinegeschäfte, die er vor seiner Beförderung zum Gruppenleiter den ganzen Tag erledigt hatte. Offensichtlich konnte er sich aus diesem alten Rhythmus nicht lösen. Überdies handelte es sich bei dieser Arbeit um eine ihm vertraute Tätigkeit, von der er wußte, daß er gut mit ihr zurechtkam.

Die neue Aufgabe als Gruppenleiter bestand dagegen vorwiegend aus der Verteilung der anfallenden Arbeiten auf die Mitarbeiter und der anschließenden Kontrolle. Statt sich dieser neuen Herausforderung zu stellen und sie konsequent zu verfolgen, vergrub er sich lieber in die altbekannte Routine. Herr O. verstand es nicht, die Unsicherheit vor neuen Aufgaben zu überwinden, und er konnte sich damit nicht über Wasser halten.

Er stopfte sich seinen Terminkalender mit übermäßig vielen Besprechungen voll, diktierte endlose Notizen, Berichte und auch Vormerkungen für Wiedervorlagen, die ihm zwar selbst eine Stütze sein sollten, die ihn in Wirklichkeit jedoch nur belasteten. Denn für die Formulierung dieser Berichte und Besprechungsprotokolle benötigte er nicht nur viel Zeit, die Wiedervorlagen kamen nach geraumer Zeit wieder auf ihn zu, so daß er im Papier förmlich erstickte, ohne Entscheidungen getroffen zu haben.

Hinter diesem Füllen des Terminkalenders verbirgt sich nichts anderes als das Fliehen vor konstruktiver oder innovativer Arbeit. Sicherlich sind Besprechungen zur Klärung von Sachverhalten immer wieder nötig; es hängt jedoch viel davon ab, wie sehr sich die Besprechungen in die Länge ziehen und ob sich die Sachlage nicht auch durch ein einfaches Schreiben hätte klären lassen.

Betrachten Sie Ihren letzten Arbeitstag einmal unter dem Gesichtspunkt der Zeiteinteilung. Welche Tätigkeiten waren im Rückblick gesehen sinnvoll und produktiv – womit haben Sie Ihre Zeit unnütz vertan?

Wie läßt sich eine sinnvolle Arbeitsplanung erreichen?

Gerade wenn Sie an einem neuen Arbeitsplatz beginnen, sollten Sie zuerst einmal alle anfallenden Aufgaben und Arbeiten sammeln. Dies können Sie am besten, indem Sie sich alle Tätigkeiten aufschreiben und dann gliedern. Haben Sie sich erst einmal eine Übersicht verschafft, gilt es einen Tagesplan zu erstellen, mit dessen Hilfe Sie festlegen, wie Sie Ihre Arbeitszeit einteilen wollen und auch müssen, um mit dem Arbeitsquantum fertig zu werden.
Auch früher, in der Schule, wurde nicht an einem Stück gearbeitet, planlos über alle Fächer hinweg. Der Stundenplan gab eine Einteilung vor, die den Tag gliederte.

Ein solches Grobschema könnte bei einer Bürotätigkeit etwa so aussehen:

- Durchsicht des Terminkalenders (was steht heute an Besprechungen, Terminen an?)
- Mußten bis heute bestimmte Arbeiten zu einem Ende gekommen sein?
- Welche offenen Vorgänge können heute abgewickelt werden?
- Zeit für konzeptionelle Vorhaben, das heißt für längerfristige Aufgaben.

Die zu erledigenden Aufgaben lassen sich am besten mit einer Termin- beziehungsweise Wiedervorlagemappe beantworten. Eine solche Mappe hat ein Fach für jeden Tag, damit man sich Vorgänge gezielt für einen bestimmten Tag bereitlegen kann. Oft genügt auch ein kleiner Notizzettel in der Mappe, daß man sich später an einen Vorgang oder eine bestimmte Aufgabe erinnert.

- ► Ordnen Sie die verschiedenen zur Bearbeitung anstehenden Arbeiten nach deren Dringlichkeit und Bedeutung. Dazu müssen Sie sich zuerst einen Überblick verschaffen, welcher Aufwand für die Erledigung anfällt.

Oftmals kann ein Vorgang durch kurzes Nachsehen oder Rückfragen abgeschlossen werden. In diesem Fall ist die aufzuwendende Zeit gering, die Wirkung aber groß.
Dabei gilt das sogenannte *Pareto-Prinzip*, das nach dem italienischen Volkswirtschaftler und Soziologen VILFREDO PARETO benannt ist. Es besagt, daß oftmals die bedeutenden Dinge einen verhältnismäßig kleinen Anteil des Gesamtaufwands beanspruchen. So führen erfahrungsgemäß rund 80% der aufgewandten Zeit zu nur 20% der Ergebnisse, während 20% der Arbeitszeit 80% der Ergebnisse hervorbringen.

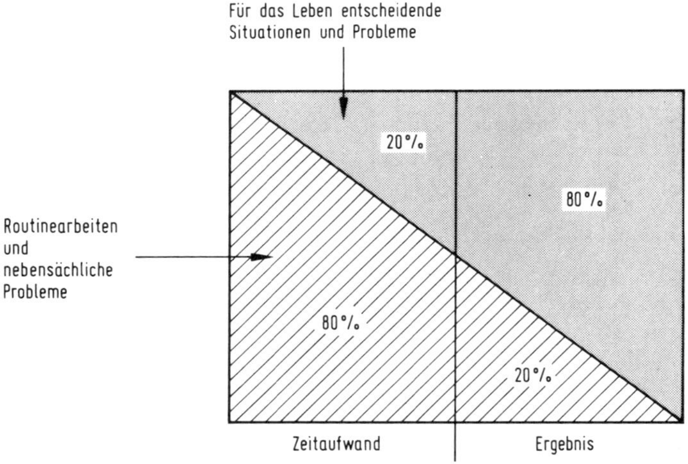

Was bedeutet das konkret für Ihre Arbeitseinteilung?

- ► Sie werden dann die größte Arbeitseffektivität erreichen, wenn Sie zuerst die Tätigkeiten durchführen, die am schnellsten zu für jedermann nachvollziehbaren Ergebnissen führen. Erst danach empfiehlt es sich, die weiteren anstehenden Vorgänge zu bearbeiten.

- ► Wenn Sie feste Termine für einen bestimmten Arbeitstag vereinbaren, so lassen Sie genügend Freiraum für unvorhergesehene dringende Aufgaben. Verplanen Sie nie mehr als 60% Ihrer Arbeitszeit.

Wenn Sie nun sagen: »Das geht bei mir nicht. Bei den Bergen von Arbeit bin ich froh, über die Runden zu kommen, da bleibt keine Zeit für Freiräume«, so kann man Ihnen nur empfehlen, Prioritäten zu setzen. Nur wenn Sie sich Luft schaffen, haben Sie eine Chance, über den Arbeitsberg hinauszusehen, Dringlichkeiten zu erkennen und vielleicht einfachere Lösungswege für die gestellte Aufgabe zu finden. Widmen Sie sich in erster Linie den A-Problemen und erledigen Sie C-Probleme und Routinearbeiten, wenn Ihre tägliche Leistungskurve nach unten geht (vgl. dazu das Schaubild).

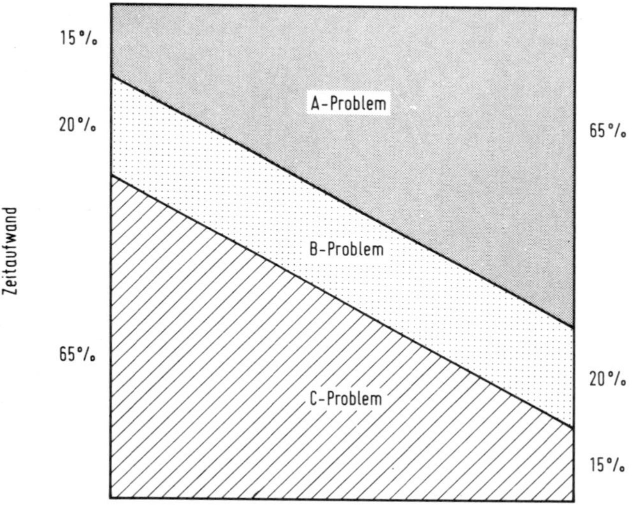

Bei jedem Menschen sieht die Leistungskurve anders aus. Auch Sie kennen sicherlich viele Frühaufsteher, die morgens zwischen sieben und acht Uhr die besten Einfälle haben und deren Leistungsvermögen dann konstant nachläßt. Im Gegensatz dazu brauchen die Morgenmuffel eine lange Anlaufzeit, bis sie zur Höchstform kommen.

► Versuchen Sie, Ihre persönliche Leistungskurve zu ermitteln und sich den Arbeitstag entsprechend einzuteilen. Dies fällt natürlich leichter, wenn Sie die Möglichkeit der gleitenden Arbeitszeit haben.

Es lohnt sich für Sie festzustellen, wie sich Ihr Arbeitsverhalten für andere darstellt. Selbst Freunde, die Ihnen wohlgesonnen sind, können Ihr Arbeitsverhalten wesentlich objektiver beurteilen als Sie selbst. Legen Sie Freunden dieses Schema zur Beantwortung vor. Elf verschiedene »Benotungen« sind möglich. Aus den Ergebnissen können Sie sich dann wesentlich leichter ein Bild machen, wie andere Sie sehen:

Punktezahl	–5	–4	–3	–2	–1	0	+1	+2	+3	+4	+5	
unsystematisch												systematisch
unentschlossen												einsatzbereit
zerfahren												zielstrebig
einfallslos												einfallsreich
zerstreut												aufmerksam
hektisch												ruhig
unsicher												selbstsicher
schnell aufgebend												ausdauernd
langsam												schnell
starr												beweglich
schludrig												gewissenhaft
leicht ablenkbar												konzentriert
nur auf die eigene Absicherung bedacht												verantwortungsfreudig
emotional												sachlich
unselbständig												selbständig
Punktezahl	–5	–4	–3	–2	–1	0	+1	+2	+3	+4	+5	
Gesamtergebnis												

Bewerten Sie sich mit Hilfe des Schemas auch einmal selbst, und vergleichen Sie die »fremden« Beurteilungen mit Ihrer Selbsteinschätzung.

Natürlich müssen Sie die Freunde anhalten, wirklich ehrlich ihre Meinung abzugeben. Fallen bei dem Vergleich die Werte auf einem sehr schlechten Niveau deckungsgleich aus, so liegen Ihre Schwächen offen auf der Hand, und Sie sollten schnell zur Tat schreiten, um diese Hindernisse zu beseitigen.

In den Bereichen, in denen Fremd- und Eigeneinschätzung weit voneinander entfernt liegen, sollten Sie in einem Gespräch zu klären suchen, warum andere so ein ganz anderes Bild von Ihnen haben. Sicherlich beruht in diesen Punkten die Meinung der anderen auf Ereignissen, an die Sie sich vielleicht gar nicht mehr erinnern. Anderen sind diese Vorfälle aber in positiver oder aber auch negativer Erinnerung geblieben.

Haben Sie eine schlechte Bewertung erfahren, dann spiegelt dies nicht nur die Ansicht Ihrer Freunde, sondern in verstärktem Maße auch das Urteil aller anderen Arbeitskollegen wider. Wenn Sie jetzt daran gehen, ein unerfreuliches Image abzubauen, sollten Sie zuerst überlegen, woran es liegt, daß Sie beispielsweise ablenkbar, langsam oder unentschlossen zu Werke gehen. Je nach Beruf mag dies auf verschiedene Faktoren zurückzuführen sein. Wir haben für Sie einmal beispielhaft die hemmenden Einflüsse in bezug auf eine Schreibtischarbeit zusammengestellt. Bei den störenden Faktoren, die Sie mit Ihrem Werk nicht zügig vorankommen lassen, unterscheiden wir zwei Hauptgruppen: die äußeren Einflüsse und die individuellen Gründe.

Äußere Einflüsse:

- allgemeiner Unruhepegel, der auf das Großraumbüro zurückzuführen ist;
- klimatische Umstände und Sichtverhältnisse im Büro, hervorgerufen durch eine Klimaanlage und Neonbeleuchtung;
- Distanz zwischen Arbeitsplatz und Registratur (viele Vorgänge sind nicht komplett zu bearbeiten, da aus der Registratur noch Akten fehlen);
- fertiggestellte Schriftstücke müssen erst in das zentrale Schreibbüro, bis die Briefe Korrektur gelesen werden können;
- oftmals ist der unterschriftsberechtigte Vorgesetzte nur schwer zu erreichen, und fertiggestellte Briefe bleiben wegen fehlender Unterschrift liegen.

Innere Einflüsse:

- Neigung, zuerst einmal unwichtige Arbeiten zu erledigen, da diese den geringsten Arbeitsaufwand erfordern;
- man läßt sich gern ablenken, um von der eigenen Arbeit loszukommen; jedes Gespräch ist willkommen;
- der »innere Schweinehund« wird nur selten überwunden; meist siegen Bequemlichkeit und Unkonzentriertheit;
- durch große Berge noch zu erledigender Arbeiten fühlt man sich überlastet und resigniert vollkommen;
- man erkennt bei einer zu bearbeitenden Aufgabe die Tragweite der Entscheidung und die Dringlichkeit nicht;
- Schlamperei bei Ablagen und Karteikästen machen viele an sich unnötige Arbeitsschritte unverzichtbar; die Sucherei ist zeitraubend und nervenaufreibend.

Untersuchen Sie jetzt nach diesen Gesichtspunkten jedes Kriterium, bei dem Sie schlecht abgeschnitten haben. Die Ursachenforschung ist für die Beseitigung der eigenen Fehler wichtig. Da die Arbeitsplätze und Aufgabenstellungen der Leser ganz unterschiedlich strukturiert sind, können wir keine Ideallösung für alle Berufe anbieten. Wichtig ist für Sie, zu lernen, wie man die eigenen Fehler und Schwächen erkennt, die Ursachen feststellt und dann Abhilfe schafft.

Denn mit einer besseren Bewertung ändert sich auch Ihr sozialer Status (siehe Kapitel »Die richtige Selbsteinschätzung«, Seite 36).

Nachwort

Erfolg ist trainierbar ... oder sind Sie noch immer der Meinung, daß Erfolg angeboren und nicht steuerbar ist? Wir hoffen, daß wir Ihnen anhand der vielen Aufgaben, Tests und Beispiele, die ja alle aus der Praxis stammen, einleuchtend darstellen konnten, wo die meisten Fehler gemacht werden. Womöglich haben Sie sich in dem einen oder anderen Kapitel selbst als beschriebene Person wiedererkannt. Achten Sie besonders in diesen Bereichen auf Ihr zukünftiges Verhalten.

Versuchen Sie, Ihr möglicherweise negatives Image schrittweise abzubauen. Schon der gute Wille kann hier viel ausrichten. Auf den Gebieten der Zielplanung, Arbeitsweise und Konfliktlösung wenden Sie die vorgeschlagenen Techniken an und erkunden Ihre damit erzielten Erfolge.

Wir möchten Sie, nachdem Sie das Buch gelesen haben, nicht wieder sich selbst überlassen, sondern empfehlen Ihnen, von Zeit zu Zeit die Kapitel erneut zu lesen. Es werden Ihnen dann vermutlich neue Aspekte auffallen, die Sie beim ersten Lesen gar nicht alle gleichzeitig aufnehmen konnten, oder auch noch gar nicht wahrgenommen hatten.

Wenn Sie Lust haben, uns zu schreiben, so freuen wir uns über Ihre Post (Adresse, siehe Seite 8).

Für Ihre nächsten Schritte in Richtung Erfolg wünschen wir Ihnen alles Gute.

Register

humboldt-taschenbücher

Handarbeiten
Puppenkleider selbst nähen (569)
Sticken (612)

Künstlerisches Gestalten
Töpfern (384)
Aquarellmalerei (426)
Salzteig modellieren (490)
Schöne Schriften (508)
Seidenmalerei (509)
Schmuck gestalten (568)
Karikaturen zeichnen (637)

Fotografieren/Filmen
Fotokurs für Einsteiger (475)
Fototricks (478)
Blitz- und Kunstlicht (540)
Gute Porträtfotos (558)
Fotolabor (563)
Bessere Urlaubsfotos (583)
Schluß mit Fotopannen! (607)
Humboldt-Fotolexikon (650)

Garten
Hydrokultur (413)
Gartenteich (448)
Mein Gewächshaus (575)

Schach
Schach f. Anfänger (85)
Eröffnungsspiele (386)
Schach für junge Leute (479)

Kartenspiele
Kartenspiele (199)
Skat (248)
Bridge (273)
Patiencen (293)
Schafkopf/Doppelkopf (481)
Kartenspiele – einmal anders (541)
Tarot (546)
Skatkurs für Aufsteiger (587)
Zaubern mit Karten (613)
1×1 des Pokerns (625)

Gesellschaftsspiele
Spielen Sie mit (190)
200 Spiele (401)
Zahlenspiele (443)
Was spielen wir
in netter Runde (556)
Humboldt-Zauberbuch (567)

Quiz
Frag mich – ich antworte (23)
Wer weiß es (68)
Frag mich was (79)
Frag weiter (90)
Kreuzworträtsel-Lexikon (91)
Kreuzworträtsel-Lexikon
von A–Z (263)
Hätten Sie's gewußt? (621)

Tests
Spaß mit Tests (195)
Teste Deine Intelligenz (225)
Trimm dich geistig fit! (520)
Teste Dein Musikwissen (533)

Sport

Fitness/Gymnastik/Yoga/Laufen
Yoga (82)
Gymnastik für alle (228)
Yoga + Gymnastik (333)
Lauf dich fit (382)
Fit durch Bodybuilding (528)

Ballsportarten
Das ist Golf (584)

Judo/Karate
Judo/Karate/Taekwon-Do (372)
Judo (454)
Karate (493)
Selbstverteidigung für
Frauen (634)
Jiu-Jitsu (646)

Wassersport/Angeln
Angeln und Fischen (206)
Windsurfen (305)
Kanu (326)
Schwimmen (477)
Surfschein (499)

Skisport
Ski-Gymnastik (460)

Tennis/Squash
Squash (360)
Tennis-Training (374)
Tennis: Schlagtechnik (420)

Reiten
Mit Pferden umgehen (427)

Kegeln/Bowling/Billard
Kegeln (243)
Billard (419)
Kegelspiele (487)

Sprachen

Englisch
Englisch in 30 Tagen (11)*
Englisch f. Fortgeschr. (61)*
Englisch – Bild f. Bild (296)
Englischer Basis-Wortschatz (574)
Englisch – jetzt in Comics (578)
Engl. Grammatik (617)

Französisch
Französisch in 30 Tagen (40)*
Französisch f. Fortgeschr. (109)
Französisch – Bild f. Bild (297)
Französisch – jetzt in Comics (579)

Spanisch
Spanisch in 30 Tagen (57)*
Spanisch – Bild für Bild (345)
Spanisch – jetzt in Comics (581)
Spanisch f. Fortgeschrittene (626)*

Italienisch
Italienisch in 30 Tagen (55)*
Italienisch f. Fortgeschr. (108)
Italienisch – Bild f. Bild (344)
Italienisch – jetzt in Comics (580)

Weitere Sprachen
Russisch in 20 Lekt. (81)
Dänisch in 30 Tagen (124)
Griechisch f. d. Urlaub (373)
Griechisch – jetzt in Comics (652)
Türkisch für den Urlaub (628)*
Türkisch – jetzt in Comics (653)

Die mit * versehenen Sprachentitel gibt es auch als Buch **mit Übungscassette:** Englisch (800/805), Französisch (801), Italienisch (802), Spanisch (803/806), Türkisch (804).

Reisen

Erlebnis Paris (815)
Erlebnis Côte d'Azur (816)
Erlebnis London (817)
Erlebnis Kreta (818)
Erlebnis Türkei (819)
Erlebnis Ägypten (820)
Erlebnis Tunesien (821)
Erlebnis Kalifornien (822)
Erlebnis Florida (823)
Erlebnis Thailand (824)
Erlebnis Amsterdam (825)
Erlebnis Venedig (826)
Erlebnis Rom (827)
Erlebnis Jugoslawien (828)
Erlebnis Zypern (829)
Erlebnis Kanarische Inseln (830)
Erlebnis Moskau/Leningrad (831)
Erlebnis New York (832)
Erlebnis San Francisco (833)
Erlebnis Mexiko (834)
Erlebnis Hongkong (835)
Erlebnis Kenia (836)
Erlebnis Bali (837)

Moderne Information

Kultur + Kunst
Was Kinder fragen (565)

Wirtschaft
Taschenlexikon der Wirtschaft (24)
Betriebswirtschaft (153)

Philosophie
Wörterbuch d. Philosophie (485)

Geschichte
Staatsbürgerkunde (438)

Aktuelle Information
Astrologie (284)
Fremdwörterlexikon (446)
Handlesen (483)
Vornamenbuch (210/505)
Sternzeichen (547)
Horoskopberechnung (561)
Musiklexikon (566)
Bauernweisheiten (596)
Deutsches Wörterbuch (600)
Sag es besser! (601)
4000 Sprichwörter und Zitate (603)
1×1 der Wahrsagekunst (645)
Chin. Horoskop (649)

Psychologie
Taschenbuch d. Psychologie (238)

Medizin
Taschenlexikon Medizin (462)